高校入試実戦シリーズ

実力判定テスト10 改訂版

国語

偏差値70

※解答用紙はプリントアウトしてご利用いただけます。弊社HPの商品詳細ページよりダウンロードしてください。

目次

この問題集の特色と使い方

☆本書の特長

本書は、実際の入試に役立つ実戦力を身につけるための問題集です。いわゆる〝難関校〟の、近年の入学試験で実際に出題された問題を精査、分類、厳選し、全10回のテスト形式に編集しました。さらに、入試難易度によって、準難関校・難関校・最難関校と分類し、それぞれのレベルに応じて、『偏差値60』・『偏差値65』・『偏差値70』の3種類の問題集を用意しています。

この問題集は、問題編と解答・解説編からなり、第1回から第10回まで、回を重ねるごとに徐々に難しくなるような構成となっています。出題内容は、特におさえておきたい基本的な事柄や、近年の傾向として慣れておきたい出題形式・内容などに注目し、実戦力の向上につながるものにポイントを絞って選びました。さまざまな種類の問題に取り組むことによって、実際の高校入試の出題傾向に慣れてください。そして、繰り返し問題を解くことによって学力を定着させましょう。

解答・解説は全問に及んでいます。誤答した問題はもちろんのこと、それ以外の問題の解答・解説も確認することで、出題者の意図や入試の傾向を把握することができます。自分の苦手分野や知識が不足している分野を見つけ、それらを克服し、強化していきましょう。

実際の試験のつもりで取り組み、これからの学習の方向性を探るための目安として、あるいは高校入試のための学習の総仕上げとして活用してください。

☆問題集の使い方の例

①指定時間内に、問題を解く

時間を計り、各回に示されている試験時間内で問題を解いてみましょう。

②解答ページを見て、自己採点する

1回分を解き終えたら、本書後半の解答ページを見て、自分自身で採点をしましょう。

正解した問題は、問題ページの□欄に✔を入れましょう（自信がなかったものの正解できた問題には△を書き入れるなどして、区別してもよいでしょう）。

配点表を見て、合計点を算出し、記入しましょう。

③解説を読む

特に正解できなかった問題は、理解できるまで解説をよく読みましょう。

正解した問題でも、より確実な、あるいは効率的な解答の導き方があるかもしれませんので、解説には目を通しましょう。うろ覚えだったり知らなかったりした事柄は、ノートにまとめて、しっかり身につけましょう。

④復習する

問題ページの□欄に✔がつかなかった問題を解き直し、全ての□欄に✔が入るまで繰り返しましょう。

第10回まで全て終えたら、後日改めて第1回から全問解き直してみるのもよいでしょう。

☆問題を解くときのアドバイス

◎試験問題を解き始める前に全問をざっと確認し、指定時間内で解くための時間配分を考えることが大切です。一つの問題に長時間とらわれすぎないようにしましょう。

◎かならずしも大問①から順に解く必要はありません。見慣れた形式の問題や得意分野の問題から解くなど、自分なりの工夫をしましょう。

◎問題文を丁寧に読みましょう。「適切でないものを選びなさい」「全て書きなさい」など、重要な部分は線を引いたり○で囲んだりして、確認しましょう。

◎記述問題では、問われていることを過不足なく書くことが重要です。別の言葉で言い換えたり、短くまとめて書かれてある部分を使ったりして、字数以内（あるいは解答欄）に収まるようにまとめましょう。

◎時間が余ったら、必ず見直しをしましょう。

☆各問題形式のアドバイス

◎論説文では、筆者が意見をわかりやすく伝えるために具体例を挙げたり、対比をさせたりしながら、順序立てて説明をしています。具体例については、何を説明するための例なのか、対比においては共通点や相違点から伝えたい内容を読み取りましょう。

◎特定の語句を何度も用いたり、言い換え・比喩・具体例などが形を変えて出てきたりして、筆者の言いたいことが繰り返し述べられていることがあります。そういった箇所に線を引きながら、的確に読み進めましょう。

◎小説や随筆では、行動・表情・会話などの表現を手掛かりにして、場面の様子や登場人物の人物像・心情を正確に読み取ることが重要です。また、会話文だけでなく、地の文が登場人物の誰の目線を通した文になっているのかに着眼しましょう。

◎古文では、主語が省略されていることが多くあります。誰の動作か、誰を指しているのか、話の流れをしっかりとつかむことが重要です。

◎古文は、和歌の表現技法なども含めて知識を充実させましょう。古語の意味を知らないと答えにくい問題が出題されることもあるので、ふだんから意識して古語を覚えていくのと同時に、前後の文脈から推測する練習もしておきましょう。基本的な文法の知識を把握しておくことも、内容理解の助けになります。

◎知識問題は確実に得点しておきたいところです。読解問題の解答時間を確保するためにも、ふだんから意識して漢字・語句・文法・文学史などの国語の知識を身につけておきましょう。

☆過去問題集への取り組み

ひととおり学習が進んだら、志望校の過去問題集に取り組みましょう。国立・私立高校は、学校ごとに問題も出題傾向も異なります。また、公立高校においても、都道府県ごとの問題にそれぞれ特色があります。自分が受ける高校の入試問題を研究し、対策を練ることが重要です。

一方で、これらの学習は、高校入学後の学習の基にもなりますので、入試が終われば必要ないというものではありません。そのことも忘れずに、取り組んでください。

頑張りましょう！

第1回

出題の分類

一 論説文　二 小説
三 古文

※特別な指示がない限り、句読点や記号も一字とする。

▼解答・解説はP.120

時　間：50分
目標点数：80点

1回目	／100
2回目	／100
3回目	／100

一　次の文章を読んで、あとの各問いに答えなさい。

フローベール*が、一つのものを的確に指し示すにはただ一つの名詞しかなく、それを修飾するにはただ一つの形容詞しかなく、それを動かすにはただ一つの動詞しかない、そういうことばを探し出すまで努力をやめてはならない、という意味のことを言ったのは有名な話である。

リアリズム*の極致を道破*した主張としてははなはだ興味深いが、A表現の個性化ということを、ここまでおしすすめて考えると、表現自体が不可能に近くなることも見逃すことができない。この世に全く同じものが二つないのは事実である。したがって、それをあらわそうとする表現も、厳密には同じものが二つあってはならないという考え方も、一応は［X］的に見える。しかし、言語表現はこういう公式的理屈どおりに行くものではなさそうである。

事実をありのままに描き出そうとする写実主義は表現の個性化という傾向をもっている。B対象の一つ一つの違いが強調されるから、表現もまた遠心的に分散する。共通な中心へ引きよせられて表現されるのではなく、他といかに異(こと)なっているかに関心がもたれる。リアリズムが対象の忠実な表現を志向しているにもかかわらず、結果として生(う)まれる文章がかならずしもつねに理解し易いとは限らない。むしろ難解ですらあることが多いのは、具体的な精密描写も理解の助けにならないくらいに特殊的であるからであろう。想像力の中心部から遠く外れたところでとらえられた個性的表現であるために、どれほどありのままに描かれても、いやむしろ、ありのままが描かれれば描かれるほど、かえって難解なものに感じられるということが起(お)こる。

われわれの理解力は、ありのままのものをありのままの姿で消化することがⓐフエテである。すべては何か他のものと関係づけられてはじめて了解される。全然他と関係をもっていないような個は認識の対象とならない。もし、表現技法が対象のありのままを描き出すことに成功したら、人間の言語理解は根底からくつがえるであろうし、それに伴って想像力も質的変貌をとげずにはいられないであろう。ひとつのことばがややあいまいにいくつかのことを表現することができるからこそ、言語表現ということ自体が可能なのである。すべての人々がフローベール式の考えでことばにⓑノゾんだとすれば、おびただしい新語が日々鋳造されなくてはならなくなり、それは、*バベルの塔を建てようとする企てに似て来るはずである。

*現代において、比喩は概して不評である。衰微していると言ってよい。この状態は、フローベールのことばが忘れられないうちはつづくと見てよかろう。比喩が軽んじられるのは、比喩がリアリズムの精神と［Y］的な基盤に立っているからである。リアリズムが尊重される現代、比喩が巧みであることは名誉ではない。作家、文章家は写実的描写にこそ優れていなくてはならない。比喩はせいぜい描写に色どりを添える飾りくらいに考えられる。比喩を用いることが何か浅薄な印象を与えがちなのも一部そのためであろう。常套陳腐な語句を用いることに消極的であると同じように、人々は比喩を用いることに警戒的であるように見受けられる。君子は比喩に近よらない。

しかし、日常生活では、比喩は不可欠である。すこし論理的にこみ入った話になると、「たとえば」といって、具体的例を引き合いに出して相手の理解に訴えようとする。抽象的議論に対する具体例の関係は「たとえば」という語は用いていても、充分に比喩的であるとは言えないかもしれない。これに対して、同じ「たとえば」であっても、それによって、直接関係はないが*パラレルな具体例の力をかりて、一挙に対象を解明するのは、まさにC比喩的説明法である。「たとえば」という枕が、この両方に共用されるのはおもしろい。

百聞一見にしかず、ということばがあるが、比喩のもっている具体性は、こみ入った関係の筋道を一瞬閃光的に明らかにする効果をもっている。説明の方法として比喩が重用されるゆえんであろう。

あるがままを描こうとする写実が表現の個性化、特殊化であるならば、たとえをかりて説明する方法は普遍化である。両者は対照的である。リアリズムが客観的、論理的であるとすれば、比喩的表現は直観的で、飛躍的、超論理的に見える。このことは、ⓒタダちに比喩が反客観的、非論理的であることを意味するものではないが、実際には、そういう性格の比喩も存在し得るのである。

写実では、対象の描写において大きな省略や飛躍ということは許されない。対象に即しているから*即物的論理の拘束を受ける。ところが、比喩においては、対象をそれと直接には関係のないものをかりて解明しようとするのであるから、リアリズム的論理の鎖は断ち切られないわけにはいかない。飛躍は必然的である。真の比喩は、二つのものを放電現象に相当するような方法で結合している。それはD超論理という合理的必然に支えられているのであるが、中にはそうでない比喩もないわけではない。

比喩についてのある程度の形式的概念ができ上ってしまうと、*二者を結び合わせる充分な電圧的エネルギーもないままに、両者を「直観的」に結びつけて、それで比喩が成立したと考えることもできるわけである。直線的連続の因果関係がなくて二者がⓓコウジの結合をとげるのが比喩の特質であるが、この形式が容易にⓔ踏襲されると擬似的比喩が生れる。この種の比喩では、思考の中間脱略が認められる。それは一見、比喩のもつ超論理的飛躍のように見えるかもしれないが、実体はまったく違う。誤った直観作用による比喩である。こういう比喩には白熱の放電現象など起りようもない死んだ断絶の空間が横たわっているのである。

未消化な思考を比喩の形式をかりて合理化しようとするのが擬似的比喩である。一般に比喩と考えられていて、その実この擬似的比喩に属するものがかなり多い。

写実に比べて比喩が一段低い表現であるように言われているのは、この似て非なる比喩に関する限りでは妥当である。悪しき比喩が写実に劣るのは当然のことでなければならない。しかし、本来の比喩は写実によってその存在の意味をすべて失うものではない。真の比喩は写実では達し得ぬところへ一挙にして参入する力をもっている。写実が精緻になればなるほど、それと対照的な比喩的表現も洗練されなくてはならない。両者は二者択一の関係にあるのではなく、車の両輪のように相互補償的関係にある。比喩が軽視されるから、勢い擬似的比喩がはびこる。それがいっそう比喩の地位を低くする結果になる。E真の比喩的表現が衰微していては、写実もその機能を十全に発揮することは難しいと考えなくてはならないのである。

（外山滋比古「比喩について」による）

〈注〉フローベール――フランスの小説家。

リアリズム――ここでは、文学において現実をありのままに描こうとする考え方のこと。写実主義とも言う。

道破――きっぱりと言い切ること。

バベルの塔を建てようとする企て――実現不可能な計画のたとえ。

現代において――この文章は一九六五（昭和四〇）年に書かれたものである。

パラレル――平行。並列。

即物的――主観を交えず、客観的に事物の本質を考えようとする様子。

□問１　＝＝部ⓐ～ⓔのカタカナは漢字に直し、漢字は読みをひらがなで書きなさい。

□問２　～～部「君子は比喩に近よらない」とあるが、これは「君子□に近寄らず」ということわざを踏まえた表現である。この空欄にあてはまる語を、三字で答えなさい。

□問３　空欄［X］・［Y］にあてはまる語の組み合わせとして最も適切なものを、次のうちから選び、記号で答えなさい。

ア　X＝一般　Y＝対外　　イ　X＝公式　Y＝対案
ウ　X＝積極　Y＝対極　　エ　X＝写実　Y＝対比
オ　X＝合理　Y＝対照

□問４　――部Ａ「表現の個性化ということを、ここまでおしすすめて考えると、表現自体が不可能に近くなることも見逃すことができない。」とあるが、では筆者自身は言語表現はなぜ可能であると考えているか。その理由にあたる本文中の一文の冒頭の五字を抜き出して答えなさい。

□問５　――部Ｂ「対象の一つ一つの違いが強調されるから、表現もまた遠心的に分散する。」とあるが、どういうことか。その説明として最も適切なものを、次のうちから選び、記号で答えなさい。

ア　対象となる事実を忠実に描こうとするが、共通点以上に相違点を強調するあまり一般的な表現からかけ離れてしまうため、読者にとっては想像しにくいものになっていくということ。

イ　対象となる事実を描こうとしても、他の事実との共通点を強調するとありのままに描くことの妨げになるので、読者にとって理解しやすい表現にする必要性が生じてくるということ。

ウ　対象となる事実を描く際、他の事実との共通点を強調せざるを得ないため、その結果として読者にとっては共通点なのか相違点なのかが区別しにくいものになってしまうということ。

エ　対象となる事実を描こうとしても、他の事実との相違点を強調することが重視されるため、そこに力を入れると読者がきちんと納得し得る事実にはできなくなってしまうということ。

オ　対象となる事実を描く際、強調した表現にしないと厳密なものにならないので、その時に用いる表現も読者の想像を二分するような難解な表現になってしまいがちになるということ。

□問６　――部Ｃの「比喩的説明法」にあたる「たとえば」を含むものとして最も適切なものを、次のうちから選び、記号で答えなさい。

ア　たとえば駅のホームで人が倒れたとします。その時、皆さんはどうしますか。

イ　彼女の笑顔は、たとえばきらめく春風です。いつも僕らをあたたかくしてくれます。

ウ　これからは社会福祉制度を一層充実させる必要があります。たとえば高齢者の医療費は無償にするべきです。

エ　避難訓練は真剣にやりましょう。たとえば校舎の中央から本当に火が出たら、どこから避難するべきでしょうか。

オ　山では必ず登山靴を履いてください。たとえばスニーカーでは、滑りやすい岩や残雪の上などで、非常に危険です。

□問７　――部Ｄ「超論理という合理的必然」とあるが、どういうことか。その説明として最も適切なものを、次のうちから選び、記号で答えなさい。

ア　真の比喩は必然的に飛躍を伴うものであって、リアリズム的論理の鎖が断ち切られてしまうが、それがかえって個性的で特殊な面白さや論理性を生じさせていく土台になるということ。

イ　真の比喩は二つの事物を放電現象のような方法で結合させるため、一見筋が通らないように見えるが、それが結果的に筋の通った表現に変換されて明快になる合理性があるということ。

ウ　真の比喩は普遍化であり、事物との間を直観的に結びつける飛躍が不可欠であることは、リアリズムの側から見れば論理的ではないが、比喩表現としては理にかなっているということ。

エ　真の比喩は時に非論理的な表現を生み出すことがあるものの、即物的論理の拘束を受けないことから、逆に論理を超えた必然的な魅力を備えた表現を作ることが可能になるということ。

オ　真の比喩は理解を促進するものであり、そのためには大きな省略や飛躍が許されるという点で合理的だが、理解の促進に役立たない非合理的な事例も当然生み出されてくるということ。

□問８　――部Ｅ「真の比喩的表現が衰微していては、写実もその機能を十全に発揮することは難しいと考えなくてはならないのである。」とあるが、なぜそう言えるのか。その説明として最も適切なものを、次のうちから選び、記号で答えなさい。

ア　写実だけでは到達しきれないものを直観の作用で表現可能にするのが本来の比喩であり、写実と比喩の両者が相補うことで、より優れた言語表現が生まれることになるから。

イ　比喩が軽視されて擬似的比喩がはびこると比喩の地位はさらに低くなり、その結果として写実の方も、それほど力を入れて表現しなくても事が足りるようになっていくから。

ウ　本来の比喩は写実によって地位を失うのではなく、写実があればこその比喩であり、写実が発展すればするほど、これに連動して真の比喩も自然に発展していくものだから。

エ　写実は表現の個性化・特殊化を目指すものであるため、個別の表現には適してはいるが、比喩を使用しないと理解しにくくなってしまうので、写実にも比喩は不可欠だから。

オ　特定の比喩についての形式的概念ができ上がると、その比喩は擬似的なものと化してしまい、そのため写実による精密な表現を行っても、比喩との併用がしにくくなるから。

二　次の文章は小説「路上」の一部分である。主人公はある日友人と学校から帰る途中、いつもと違う道を選んで新鮮な気持ちになった。その道が気に入った主人公は後日雨あがりの日に再び一人でその道に入り、ぬかるんだ傾斜を滑っていくことになる。あとの各問いに答えなさい。

それはある雨あがりの日のことであった。午後で、自分は学校の帰途であった。

いつもの道から崖の近道へ這入(はい)った自分は、雨あがりで下の赤土が軟くなっていることに気がついた。人の足跡もついていないようなその路は歩くたび少しずつ滑った。

高い方の*見晴らしへ出た。それからが傾斜である。自分は少し危いぞと思った。

傾斜についている路はもう一層軟かであった。しかし①自分は引き返そうとも、立ち留って考えようともしなかった。危ぶみながら下りてゆく。ひと足下りかけた瞬間から、すでに、自分は Ⅰ 滑って転ぶにちがいないと思った。――A途端自分は足を滑らした。片手を泥についてしまった。しかし Ⅱ 本気にはなっていなかった。起きあがろうとすると、力を入れた足がまたずるずる滑って行った。今度は片肱をつき、尻餅をつき、背中まで地面につけて、 Ⅲ その姿勢で身体は止った。止った所はもう一つの傾斜へ続く、ちょっと階段の踊り場のようになった所であった。自分は鞄を持った片手を、鞄のまま泥について恐る恐る立ち上がった――②いつの間にか本気になっていた。

誰かがどこかで見ていやしなかったかと、自分は眼の下の人家の方を見た。それらの人家から見れば、自分は高みの舞台で一人滑稽な芸当を一生懸命やっているように見えるにちがいなかった。――誰も見ていなかった。変な気持ちであった。

自分の立ち上がったところはやや安全であった。しかし自分はまだ引き返そうともしなかったし、立ち留って考えてみようともしなかった。泥に塗れたまままた危い一歩を踏出そうとした。とっさの思いつきで、今度はスキーのようにして滑り下りてみようと思った。身体の重心さえ失わなかったら滑り切れるだろうと思った。*鋲の打ってない靴の底はずるずる赤土の上を滑りはじめた。*二間余りの間である。しかしその二間余りが尽きてしまった所は高い石崖の鼻*であった。その下がテニスコートの平地になっている。崖は二間、それくらいであった。もし止まる余裕がなかったら惰力で自分は石垣から飛び下りなければならなかった。しかし飛び下りるあたりに石があるか、材木があるか、それはその石垣の出っ鼻まで行かねば知ることが出来なかった。非常な速さでその危険が頭に映じた。

石垣の鼻のザラザラした肌で靴は自然に止った。それはなにかが止めてくれたという感じであった。 Ⅳ 自力を施す術はどこにもなかった。いくら③危険を感じていても、滑るに任せ止まるに任せる外はなかったのだった。

飛び下りる心構えをしていた脛はその緊張を弛めた。石垣の下にはコートのローラーが転がされてあった。自分はきょとんとした。

どこかで見ていた人はなかったかと、④また自分は見廻して見た。垂れ下った曇空の下に大きな邸の屋根が並んでいた。しかし*廓寥として人影はなかった。Bあっけない気がした。嘲笑っていてもいい、誰かが自分の今したことを見ていてくれたらと思った。⑤一瞬間前の鋭い心構えが悲しいものに思い返せるのであった。

どうして引き返そうとはしなかったのか。魅せられたように滑って来た自分が恐ろしかった。――⑥破滅というものの一つの姿を見たような気がした。なるほどこんなにして滑って来るのだと思った。

下に降り立って、草の葉で手や洋服の泥を落としながら、自分は自分がひとりでに亢奮（こうふん）しているのを感じた。

滑ったという今の出来事がなにか夢の中の出来事だったような気がした。変に覚えていなかった。傾斜へ出かかるまでの自分、不意に自分を引き摺（ず）り込んだ危険、そして今の自分。それはなにか均衡（きんこう）のとれない不自然な連鎖であった。そんなことは起（おこ）りはしなかったと否定するものがあれば自分も信じてしまいそうな気がした。

自分、自分の意識というもの、そして世界というものが、焦点を外れて泳ぎ出して行くような気持ちに自分は捕えられた。笑っていてもかまわない。誰か見てはいなかったかしらと二度目にあたりを見廻したときの廓寥とした淋（さび）しさを自分は思い出した。

帰途、書かないではいられないと、自分はなぜか深く思った。それが、滑ったことを i書かねばいられないという気持ちか、小説を書くことによってこの自己を語らないではいられないという気持ちか、自分にははっきりしなかった。おそらくはその両方を思っていたのだった。

⑦帰って靴を開けて見たら、どこから入ったのか、入りそうにも思えない泥の固（かたま）りが一つ入っていて、本を汚していた。

（梶井基次郎「路上」による。本文を改めたところがある）

〈注〉見晴らし――「広く遠くまで見渡せる場所」の意。

鋲――革靴の底に打ち付けた滑り止めの金具。

二間――「間」は長さの単位で、一間は、約一・八メートル。

鼻――先端。

廓寥――がらんとして寂しいさま。

□問１ ［　］Ⅰ・Ⅱ・Ⅲ・Ⅳに入れるのに最も適切な語を次のうちからそれぞれ選び、記号で答えなさい。ただし、同じ記号を二度以上使ってはならない。

ア　きっと　　イ　たいへん　　ウ　全く

エ　まだ　　オ　やっと

□問２ ――部ｉ「書かねばいられない」とあるが、⑴何語に分けられるか。⑵用言は何語あるか。それぞれ算用数字で答えなさい。

□問３ 〰〰部Ａ「途端」・Ｂ「あっけない」のここでの意味として最も適切なものをそれぞれ選び、記号で答えなさい。

Ａ「途端」

ア　しばらくして　　イ　ちょうどその時　　ウ　中途半端に

エ　前ぶれもなく　　オ　より一層

Ｂ「あっけない」

ア　堪えられない　　イ　不安な　　ウ　もったいない

エ　ものさびしい　オ　もの足りない

□問4 ——部①「自分は引き返そうとも、立ち留って考えようともしなかった」とあるが、その理由として適切でないものを次のうちから二つ選び、記号で答えなさい。

ア　一度戻ってしまえば、もうこの道に来られないような気がしたから。

イ　危険と知りつつもそれに惹かれる自分がいたから。

ウ　通ったことのある近道であったので、そのまま進みたかったから。

エ　慣れた道だからどうにかなるだろうという慢心があったから。

オ　引き返したら、近道にわざわざ来た意味がなくなるから。

□問5 ——部②「いつの間にか本気になっていた」とあるが、それはなぜか。答えなさい。

□問6 ——部③「危険」とあるが、「危険」を具体的に説明した部分を一〇〇字以内で抜き出し、始めと終わりの五字ずつを答えなさい。

□問7 ——部④「また自分は見廻して見た」とあるが、そのときの気持ちはどのようなものか。二〇字以内で答えなさい。

□問8 ——部⑤「一瞬間前の鋭い心構え」とあるが、その内容を説明した部分を本文中から抜き出して答えなさい。

□問9 ——部⑥「破滅というものの一つの姿を見たような気がした」とあるが、「破滅というものの一つの姿」とはどのようなことか。三〇字以内で説明しなさい。

□問10 ——部⑦「帰って鞄を開けて見たら、どこから入ったのか、入りそうにも思えない泥の固りが一つ入っていて、本を汚していた」の表現の効果を説明したものとして最も適切なものを次のうちから選び、記号で答えなさい。

ア　崖を滑り下りた出来事は、確かに体験したことだと実感を得ることが出来たことが示されている。

イ　入りそうもない泥の固りを描くことで、崖を滑り下りたことも非現実的な出来事であったことを印象づけている。

ウ　大切な本が汚れていたことで、滑り下りた出来事が本当は恥ずべき行為であったことが暗示されている。

エ　崖を滑り下りた出来事は現実の自分とあまりに隔たっており、その不自然さを強調する働きがある。

オ　鞄に入っていた泥の固りを描くことで、本当は誰かが見ていたかもしれないことを暗示している。

三　次の文章を読んで、あとの各問いに答えなさい。

今はむかし、ある人牛を売りけるに、買主いふやう、「この牛は、力も強く病気もなきか」といへば、売主答へていはく、「中々力の強く、しかも息災な。*大坂陣では*佐奈田ぢやと思へ」といふ。①「さらば」とて買ひ取る。②五月になりて、この牛に*犂をかけて田をすかするに、一向弱うて田をもすかず、犂は一足もひかず。ややもすれば人を見てはかけ出でて、角にて、かけんかけんとするほどに、「何の役にも立たぬ牛なり。さてさて憎い事をいふて買はせた。大坂陣では佐奈田ぢやと申したほどに、さこそ強からうと思ふたれば、犂は一足もひかず、そのくせに人を見てはかけんとする」と腹立ちで居る。ある時かの売主に逢ふて、「其方はとどかぬ嘘をついて、人をばかけて、犂をばひかぬ牛を、佐奈田ぢやといふて売りつけられた」といへば、売主答へていはく、「さうであらう。犂は一足もひくまい。人を見てはかけんとする事は定であらう。さればこそ佐奈田とは申しつれ。大坂陣で佐奈田は、たびたびかけこそしたれ、一足もひいたことはなかった。その牛も［　　］によりて佐奈田ぢや」といふた。

（「浮世物語」による）

〈注〉大坂陣――豊臣方の守る大坂城を徳川方の大軍が攻撃し、豊臣方が敗北した戦い。
佐奈田――真田幸村。豊臣方の武将として活躍した。
犂――田畑を耕す道具。

□問1　――部①とあるが、買い取った意図として最も適当なものを次のうちから選び、記号で答えなさい。

ア　真田幸村の名声にあやかりたいと思ったから。
イ　真田幸村よりも丈夫で長生きすると思ったから。
ウ　真田幸村のように強くて役に立つと思ったから。
エ　真田幸村を超える活躍が期待できると思ったから。

□問2　――部②の読み方(月の異名)をひらがなで答え、その季節を漢字で記しなさい。

□問3　［　　］にあてはまる言葉を次のうちから選び、記号で答えなさい。

ア　強き　　イ　弱き　　ウ　かけぬ　　エ　ひかぬ

□問4　＝＝部の「かけて」には二つの意味がかけられている。解答欄に合うようにそれぞれ五字以内で記しなさい。

70

第2回

出題の分類

一 論説文　二 小説
三 知識問題

※特別な指示がない限り、句読点や記号も一字とする。

▼解答・解説は P.124

時　間：50分
目標点数：80点

1回目	／100
2回目	／100
3回目	／100

一 次の文章を読んで、あとの各問いに答えなさい。

かつて、進化学者のダーウィン[*]は、「最も強い者が生き残るのではなく、最も賢い者が生き延びるのでもない。唯一[a]生き残るのは、［Ⅰ］である」と言った。

進化は、「遺伝的変異」と、環境に適応したものだけが生き残る「淘汰（とうた）」とによって起こる。

進化は、気の遠くなるような歳月でのキコウ[b]の変化や、天変地異のような地殻の変動など、大いなる地球の歴史の中で起こってきた。

しかし、雑草が生息する環境の変化は、自然界に起こる変化に比べて、［Ⅱ］に急激に起こる。たとえば、気まぐれな人間が草取りをすれば、そのときに種子がジュク[c]していた個体は、種子を残すことができる。まだ、芽が出ていない個体も土の中で生き残る。しかし、生育段階にあった個体は、すべて抜かれて全滅してしまうのである。もし、この草取りが決まった時期に行われていくとすれば、この時期に生育途中の個体は淘汰され、やがて、草取りの時期より前に種子を落とす個体か、草取りの時期に芽を出していない個体が選抜されていくことだろう。このような短期間に繰り返される大きな淘汰圧に伴って[d]、雑草の変化は、短期間で起こるのである。

現在、①私たちが目にする生物は、常に進化の結果でしかない。さまざまな種分化は、すべては長い進化の歴史の中で起こったことである。進化をこの目で観察した人はいない。しかし、雑草を観察していると、種分化の瞬間を目撃するような気持ちになるのである。

雑草が多様である要因は、遺伝的な変異が大きいことだけではない。もう一つの要因である②「表現的可塑性」についても、少し触れてみよう。

植物図鑑を見ると草丈が記載されている。しかし、厄介（やっかい）なことに雑草というのは、図鑑の姿と③まるで違うことが、ときどきある。図鑑には、数十センチと書いてある雑草が、背の高いトウモロコシ畑の中で競（せ）り合って背を伸ばして数メートルにもなっていたり、道ばたで踏まれながら数センチで花を咲かせていて、驚かされることが少なくないのだ。

花の時期も、図鑑には「春」と書いてあるのに、平気で秋に咲いていたりする。まったく雑草というのは、とらえどころのない植物である。

この表現的可塑性が大きいことが、さまざまな環境に適応するために重要な性質なのだ。

身体の大きさについて言えば、植物は動物よりも可塑性が大きい。人間では、成人どうしであれば、大きい人と小さい人で二倍の差があるということはない。しかし、植物は見上げるような大木も、小さな盆栽も同じ樹齢ということがある。この植物の中でも、雑草は可塑性が大きいと言われている。

雑草のサイズの変化と言えば、誰もが、道ばたの劣悪な条件で小さな花を咲かせている雑草の姿を思い浮かべることだろう。

アメリカの雑草学者のハーバード・G・ベーカー（一九二〇―二〇〇一）は論文「雑草の進化(The evolution of weeds)」の中で「理想的な雑草の条件」として一二の項目を挙げているが、その中には以下のようなものがある。

「不良環境下でも幾らかの種子を生産することができる」

どんなに劣悪な環境でも花を咲かせて、種子を結ぶ。これはまさに、雑草の真骨頂と言っていいだろう。しかし、雑草のすごいところは、これだけではない。

「不良環境下でも種子を残す」という一方で、ベーカーの理想的な雑草の中には、次のような項目もある。

「好適環境下においては種子を多産する」

[i]、条件が悪くても種子をつけるが、条件が良い場合には、たくさん種子を生産するというのである。当たり前のように思えるかも知れないが、そうではない。

[ii]、私たちが栽培する野菜や花壇の花では、肥料が少ないと生きていくのがやっとで花が咲かずに枯れてしまうことがある。逆に、肥料をやりすぎるとどうだろう。茎や葉ばかりが茂って、肝心の花が咲かなかったり、実が少なくなってしまったりすることもある。まるで、植物にとってもっとも大切な、種子を残すということを忘れてしまうかのようだ。

[iii]、雑草は違う。条件が悪い場合にも、④最大限のパフォーマンスで種子を生産するが、条件が良い場合にもまた、⑤最大限のパフォーマンスで種子を生産するというのである。

自分の持っているシゲン(e)を、どの程度、種子生産に分配するかという指標を「繁殖分配率」というが、雑草は、個体サイズにかかわらず繁殖分配率が最適になるとされている。

条件が悪いときは悪いなりに、条件が良いときには良いなりにベストを尽くして最大限の種子を残す。これこそが、雑草の強さなのである。

雑草は可塑性が大きい。

これは「変えられないものは変えられない。変えられるものを変える」ということなのだろう。

変えられないものというのは、環境である。環境は変えられない。そうだとすれば、変えられるものを変えるしかない。変えられるものというのは、雑草自身である。

それが雑草の可塑性である。

そして⑥雑草が自在に変化できる理由は、「変化しないことにある」と私は思う。

どういうことだろうか。

植物にとってもっとも重要なことは何だろう。それは、花を咲かせて種子を残すことである。雑草はここがぶれない。どんな環境であっても、花を咲かせて、種子を結ぶのである。

種子を生産するという目的は明確だから、目的までの道すじは自由に選ぶことができる。だからこそ雑草は、サイズを変化させたり、ライフサイクルを変化させたり、伸び方も自由に変化させることができるのである。

⑦これは人生にも示唆的である。

（稲垣栄洋「雑草はなぜそこに生えているのか」による。本文を改めたところがある）

〈注〉ダーウィン――イギリスの自然科学者(一八〇九〜一八八二)。

□問１　＝＝部ａ・ｂ・ｃ・ｄ・ｅについて、漢字は読みをひらがなで書き、カタカナは漢字に直しなさい。

□問２　〜〜〜部「真骨頂」のここでの意味として最も適切なものを次のうちから選び、記号で答えなさい。

ア　固有性　イ　優位性　ウ　定義

エ　本来の姿　オ　フイフサイクル

□問３　［　　］Ⅰ・Ⅱに入れるのに最も適切な語を本文中から選び、それぞれ指定の文字数で答えなさい。

Ⅰ　五字　Ⅱ　三字

□問４　［　　］ⅰ・ⅱ・ⅲに入れるのに最も適切な語を次のうちからそれぞれ選び、記号で答えなさい。

ア　しかし　イ　たとえば　ウ　つまり

エ　ところで　オ　もし

□問５　――部①「私たちが目にする生物は、常に進化の結果でしかない」とあるが、その理由として考えられるのはどういうことか。三〇字以内で説明しなさい。

□問６　――部②「表現的可塑性」とありますが、それはどういう性質か。解答欄に合う形で、一五字以内で答えなさい。

□問７　――部③「まるで違う」とあるが、なぜか。三〇字以内で答えなさい。

□問８　――部④・⑤はともに「最大限のパフォーマンスで種子を生産する」とあるが、この部分がそれぞれどのようなことを表しているのか、その違いがわかるように説明しなさい。その際、「前者(④を指す)は〜という意味であり、後者(⑤を指す)は〜という意味である」という形で答えなさい。

□問９　――部⑥「雑草が自在に変化できる理由は、『変化しないことにある』」とあるが、「変化しないこと」とは具体的にどういうことか。最も適切なものを次のうちから選び、記号で答えなさい。

ア　雑草が生育する環境は簡単には移り変わらないこと。
イ　雑草の様子は変わるが、草であることは定められていること。
ウ　種子、草、花、種子というサイクルが正確に受け継がれること。
エ　花を咲かせて種子を残すという目的がぶれないこと。
オ　「変化する」という目的が厳格に守られていること。

問10　――部⑦「これは人生にも示唆的である」について、次の各問いに答えなさい。

□　(1)　「示唆」のここでの意味として最も適切なものを次のうちから選び、記号で答えなさい。

ア　きちんと対応できること
イ　それとなく気づかせること
ウ　強く守らせること
エ　的確に当てはまること
オ　非常に参考になること

□　(2)　雑草のふるまいからどのようなことが人生に「示唆」されるというのか。本文全体を踏まえて、各自の考えを五〇字以内で書きなさい。

二

次の文章は、芥川龍之介「*煙管」の一部である。加州金沢城主の前田斉広は、江戸城への登城の際に必ず愛用の煙管を持参していた。斉広の煙管は純金製の精巧な造りで、人々の注目を集めた。特に、江戸城で来客の給仕や接待をする坊主たちの間で話題になり、うらやまれた。以下の文章は、坊主の一人である河内山宗俊に「お煙管拝領」と称して煙管をまき上げられた後の場面である。これを読んで、あとの各問いに答えなさい。なお、出題に際して、本文には表記を一部変えたところがある。

では、煙管をまき上げられた斉広の方は、不快に感じたかというと、必ずしもそうではない。それは、彼が、下城をする際に、いつになく機嫌のよさそうな顔をしているので、供の侍たちが、不思議に思ったというのでも、知れるのである。

彼は、むしろ、宗俊に煙管をやったことに、一種の満足を感じていた。あるいは、煙管を持っている時よりも、その満足の度は、大きかったかも知れない。しかしこれは至極当然な話である。なぜと言えば、彼が煙管を得意にするのは、前にも断ったように、煙管そのものを、*愛翫するからではない。実は、煙管の形をしている、*百万石が自慢なのである。だから、彼のこの虚栄心は、*金無垢の煙管を愛用することによって、満足させられると同じように、その煙管を惜しげもなく、他人にくれてやることによって、さらによく満足させられる訳ではあるまいか。たまたまそれを河内山にやる際に、幾分外部の事情に、強いられたようなところがあったにしても、彼の満足が、そのために、少しでも損ぜられることなぞはないのである。

そこで、斉広は、本郷の屋敷へ帰ると、近習の侍に向って、愉快そうにこう言った。

「煙管は宗俊の坊主にとらせたぞよ」

これを聞いた家中の者は、斉広の宏量なのに驚いた。しかし御用部屋の山崎勘左衛門、御納戸掛の岩田内蔵之助、御勝手方の上木九郎右衛門――この三人の役人だけは思わず、眉をひそめたのである。

加州一藩の経済にとっては、もちろん、金無垢の煙管一本の費用くらいは、何でもない。が、賀節朔望二十八日の登城のたびに、必ず、それを一本ずつ、坊主たちにとられるとなると、容易ならない支出である。あるいは、そのために運上を増して煙管の入目を償うようなことが、起らないとも限らない。そうなっては、大変である。――三人の忠義の侍は、皆言い合せたように、それを未然に惧れた。

そこで、彼らは、早速評議を開いて、善後策を講じることになった。善後策といっても、もちろん一つしかない。――それは、煙管の地金を全然変更して、坊主どもの欲しがらないようなものにすることである。が、その地金を何にするかという問題になると、岩田と上木とで、互に意見を異にした。

岩田は君公の体面上銀より卑しい金属を用いるのは、異なものであると言う。上木はまた、すでに坊主どもの欲心を防ごうというのなら、真鍮を用いるのに越したことはない。今さら体面を、顧慮するごときは、姑息の見であると言う。――二人は、各々、自説を固守して、極力論駁を試みた。

すると、老功な山崎が、両説とも、至極道理がある。が、まず、一応、銀を用いてみて、それでも坊主どもが欲しがるようだったら、その後に、真鍮を用いても、遅くはあるまい。という折衷説を持出した。これには二人とも、もちろん、異議のあるべきはずがない。そこで評議は、とうとう、また、住吉屋七兵衛に命じて銀の煙管を造らせることに、一決した。

斉広は、爾来登城するごとに、銀の煙管を持って行った。やはり、剣梅鉢の紋ぢらしの、精巧を極めた煙管である。

彼が新調の煙管を、以前ほど、得意にしていないことはもちろんである。第一人と話しをしている時でさえ滅多に手にとらない。手にとっても直にまたしまってしまう。同じ長崎煙草が、金無垢の煙管でのんだ時ほど、うまくないからである。が、煙管の地金の変ったことは独り斉広の上に影響したばかりではない。三人の忠臣が予想した通り、坊主どもの上にも、影響した。しかし、この影響は結果において彼らの予想を、全然裏切ってしまうことに、なったのである。なぜと言えば坊主どもは、金が銀に変ったのを見ると、今まで金無垢なるが故に、遠慮をしていた連中さえ、先を争ってお煙管拝領に出かけて来た。しかも、金無垢の煙管にさえ、愛着のなかった斉広が、銀の煙管をくれてやるのに、未練のあるべきはずはない。彼は、請われるままに、惜し気もなく煙管を投げてやった。しまいには、登城した時に、煙管をやるのか、煙管をやるために登城するのか、彼自身にも判別ができなくなった――少くともなったくらいである。

これを聞いた、山崎、岩田、上木の三人は、また、愁眉をあつめて評議した。こうなっては、いよいよ、上木の献策通り、真鍮の煙管を造らせるよりほかに、仕方がない。そこで、また、例のごとく、命が住吉屋七兵衛へ下ろうとした――丁度、その時である。一人の近習が斉広の旨を伝えに、彼らの所へやって来た。

「御前は銀の煙管を持つと坊主どもの所望がうるさい。以来従前通り、金の煙管に致せと仰せられまする」

[2]三人は、唖然として、なすところを知らなかった。

河内山宗俊は、ほかの坊主どもが先を争って、斉広の銀の煙管を貰いにゆくのを、傍痛く眺めていた。ことに、了哲が、*八朔の登城の節か何かに、一本貰って、嬉しがっていた時なぞは、持前の癇高い声で、頭から「莫迦め」をあびせかけたほどである。彼は決して銀の煙管が欲しくない訳ではない。が、ほかの坊主どもと一しょになって、同じ煙管の跡を、追いかけて歩くには、余りに、[3]「金箔」がつきすぎている。その高慢と欲との鬩ぎあうのに苦しめられた彼は、今に見ろ、己が鼻を明かしてやるから――という気で、何気ない体を装いながら、油断なく、斉広の煙管へ眼をつけていた。

すると、ある日、彼は、斉広が、以前のような金無垢の煙管で悠々と煙草をくゆらしているのに、気がついた。が、[4]坊主仲間では誰も貰いに行くものがないらしい。そこで彼は折から通りかかった了哲をよびとめて、そっと顋で斉広の方を教えながら囁いた。

「また金無垢になったじゃねえか」

了哲はそれを聞くと、呆れたような顔をして、宗俊を見た。

「いい加減に慾ばるがいい。銀の煙管でさえ、あの通りねだられるのに、何で金無垢の煙管なんぞ持って来るものか」

「じゃあれはなんだ」

「真鍮だろうさ」

宗俊は肩をゆすった。四方を[c]憚って笑い声を立てなかったのである。

「よし、真鍮なら、真鍮にしておけ。己が拝領と出てやるから」

「どうして、また、金だと言うのだい」了哲の自信は、怪しくなったらしい。

「手前たちの思惑は先様ご承知でよ。真鍮と見せて、実は金無垢を持って来たんだ。第一、百万石の殿様が、真鍮の煙管を黙って持っているはずがねえ」

宗俊は、口早にこう言って、独り、斉広の方へやって行った。あっけにとられた了哲を、*例の西王母の金襖の前に残しながら。

それから、*半時ばかり後である。了哲は、また畳廊下で、河内山に出っくわした。

「どうしたい、宗俊、一件は」

「一件た何だ」

了哲は、下唇をつき出しながら、じろじろ宗俊の顔を見て、

「とぼけなさんな。煙管のことさ」

「うん、煙管か。煙管なら、手前にくれてやらあ」

河内山は懐から、黄いろく光る煙管を出したかと思うと、了哲の顔へ抛りつけて、足早に行ってしまった。

了哲は、ぶつけられた所をさすりながら、こぼしこぼし、下に落ちた煙管を手にとった。見ると剣梅鉢の紋ぢらしの*数寄を凝らした、――真鍮の煙管である。彼は忌々しそうに、それを、また、畳の上へ抛り出すと、白足袋の足を上げて、この上を大仰に踏みつける真似をした。……

それ以来、坊主が斉広の煙管をねだることは、ぱったり跡を絶ってしまった。なぜといえば、斉広の持っている煙管は真鍮だということが、宗俊と了哲とによって、一同に証明されたからである。

そこで、一時、真鍮の煙管を金と偽って、斉広を欺いた三人の忠臣は、評議の末ふたたび、住吉屋七兵衛に命じて、金無垢の煙管を調製させた。前に河内山にとられたのと寸分もちがわない、剣梅鉢の紋ぢらしの煙管である。――斉広はこの煙管を持って内心、坊主どもにねだられることを予期しながら、揚々として登城した。

すると、誰一人、拝領を願いに出るものがない。前に同じ金無垢の煙管を二本までねだった河内山さえ、じろりと一瞥を与えたなり、小腰をかがめて行ってしまった。同席の大名は、もちろん拝見したいとも何とも言わずに、黙っている。斉広には、それが不思議であった。

いや、不思議だったばかりではない。しまいには、それが何となく不安になった。そこで彼はまた河内山の来かかったのを見た時に、今度はこっちから声をかけた。

「宗俊、煙管をとらそうか」

「いえ、ありがとうございますが、手前はもう、以前に頂いておりまする」

宗俊は、斉広が翻弄するとでも思ったのであろう。丁寧な語のうちに、鋭い口気を籠めてこう言った。

斉広はこれを聞くと、不快そうに、顔をくもらせた。長崎煙草の味も今では、口にあわない。急に今まで感じていた、百万石の

勢力が、この金無垢の煙管の先から出る煙のごとく、多愛(たわい)なく消えてゆくような気がしたからである。……

古老の伝えるところによると、前田家では斉広以後、斉泰(なりやす)も、慶寧(よしやす)も、煙管は皆真鍮のものを用いたそうである、ことによると、これは、金無垢の煙管に懲(こ)りた斉広が、子孫に遺誡(いかい)*でも垂れた結果かも知れない。

〈注〉煙管――煙草(たばこ)を吸うのに用いる道具。
愛翫する――大切にして楽しむ。
金無垢――純金製。
近習――主君の側(そば)近くに仕える人。
宏量――度量が広いこと。
賀節朔望二十八日の登城――大名や諸侯は、毎月一日・十五日・二十八日と祝日に江戸城に登城していた。
運上を増して煙管の入目を償う――ここでは、税を引き上げて煙管の費用を補うという意。
真鍮――銅と亜鉛の合金で、煙管の地金としてはありふれていた。美しい黄金色をしている。
爾来――以来。
剣梅鉢――前田家の家紋。
八朔――大名などが登城して、将軍家に祝辞を申し述べる行事が行われる祝日。
例の西王母の金襖――登城した斉広は普段、西王母が描かれた金襖の奥の間に控えていた。
半時――現在の約一時間。
数寄を凝らした――風流な工夫がさまざまに施された。
遺誡――故人が残した戒めの言葉。

問１　＝＝部ａ～ｃの本文中の意味として最も適当なものを次のうちからそれぞれ選び、記号で答えなさい。

□ ａ「善後策」
ア　損失を最小限にするための目標
イ　真相を隠し通すための方策
ウ　早く事態を収拾するための分析
エ　上手に後始末をするための手段
オ　品物を取り返すための方法

□ ｂ「姑息の見」
ア　一時しのぎの考え　イ　許されない考え
ウ　予想外の考え　エ　心根の卑しい考え
オ　時代に遅れた考え

□ ｃ「憚って」
ア　見習って　イ　見くびって
ウ　うかがって　エ　警戒して
オ　気兼ねして

□ 問２　――部１「眉をひそめた」とあるが、三人の役人が眉をひそめたのはなぜか。百字以内で説明しなさい。

□問３　――部２「三人は、唖然として、なすところを知らなかった」とあるが、三人はその後どのような行動をとったのか。その説明として最も適当なものを次のうちから選び、記号で答えなさい。

ア　斉広の命に背いて真鍮の煙管を造らせ、斉広が以前ほど煙管を自慢しなくなった後で、再び金の煙管を造らせた。

イ　金の煙管を真鍮に見せかけ坊主を欺き、斉広の評判が落ちて煙管をねだられなくなった後で、金の煙管を新調させた。

ウ　真鍮の煙管で坊主を欺くことを斉広に進言し、斉広が坊主を懲らしめるのに成功した後で、再び真鍮の煙管を持たせた。

エ　斉広に金の煙管だと偽って真鍮の煙管を持たせ、坊主たちが煙管をねだらなくなった後で、再び金の煙管を持たせた。

オ　斉広の命令に従い金の煙管を用意し、坊主たちが遠慮して煙管を拝領しに来なくなった後で、真鍮の煙管を造らせた。

□問４　――部３「『金箔』がつきすぎている」とあるが、これはどういうことをたとえているのか。その説明として最も適当なものを次のうちから選び、記号で答えなさい。

ア　宗俊は、他の坊主たちと自分では格が違うという自負を、非常に強く持っているということ。

イ　宗俊は、斉広から銀の煙管も巻き上げようという野心を、非常に強く抱いているということ。

ウ　宗俊は、「お煙管拝領」で斉広から与えられた金の煙管への愛着を、非常に強く抱いているということ。

エ　宗俊は、金の煙管が想起させる富と権力への憧れを、非常に強く持っているということ。

オ　宗俊は、他者が驚くような行動をしてやろうという意志を、非常に強く持っているということ。

□問５　――部４「坊主仲間では誰も貰いに行くものがない」とあるが、坊主の一人である了哲が煙管を貰いに行かないのはなぜか。その理由として最も適当なものを次のうちから選び、記号で答えなさい。

ア　斉広の煙管が金色に変わったが、出費がかさんだ斉広には金の煙管を持つほどの経済力は残されていないと思い、金色に光っていても真鍮の煙管にすぎないだろうと考えたから。

イ　斉広が以前のような金色の煙管をくゆらせているが、金に似た色の真鍮の煙管かもしれないと疑い、本当に金の煙管かどうかを宗俊に確かめさせた後で拝領に行こうと考えたから。

ウ　斉広の煙管は金色になったが、坊主に煙管をまき上げられてばかりの斉広が金無垢の煙管を持ってくるはずはないと考え、金色に光っていても金ではなく真鍮の煙管に違いないと考えたから。

エ　斉広の煙管は再び金色になったが、銀の煙管を何本も拝領された斉広が金の煙管を再び持つとは思えず、今までより数寄が凝らされていたが所詮は真鍮の煙管にすぎないと考えたから。

オ　斉広の煙管は金色になったが、銀の煙管より高価な金の煙管を人前に出すとは思えず、金に似た色でありながら銀よりは高価な真鍮の煙管を使っているに違いないと考えたから。

□問6　――部5「不思議であった」とあるが、斉広が不思議に感じたのはなぜか。その理由として最も適当なものを次のうちから選び、記号で答えなさい。

ア　煙管が真鍮だという誤解を解くために再び金の煙管を持参したのに今回は誰も拝領に来ないのだな、と思ったから。

イ　坊主は今まで金の煙管を巻き上げることで自分を悩ませてきたのに今回は誰も拝領に来ないのだな、と思ったから。

ウ　貧しい坊主に煙管を与えるために特別に金の煙管を持参したのに今回は誰も拝領に来ないのだな、と思ったから。

エ　地金を真鍮より価値のある金に変更して煙管を新調したのに今回は誰も拝領に来ないのだな、と思ったから。

オ　人々がうらやむ金無垢の煙管を前回と同じように持参したのに今回は誰も拝領に来ないのだな、と思ったから。

三　次の各問いに答えなさい。

問1　次のA～Eの各文について、――部のカタカナと同じ漢字を用いるものを次のうちからそれぞれ一つずつ選び、記号で答えなさい。

□A　二通のショカンは、どちらも彼あてのものだった。

ア　品物は後で取りに来るからと、カンジョウだけ済ませて帰った。

イ　祖父が残してくれた掛け軸を、専門家にカンテイしてもらう。

ウ　ボクシングのチャンピオンが、ついに王座からカンラクした。

エ　なるべくカンケツ明瞭な文章を書くことをこころがけよう。

□B　結核が再発し、療養生活をヨギなくされた。

ア　不況のため会社が倒産し、ひどくナンギしている。

イ　授業では、フランス人教師のコウギを選んだ。

ウ　これから採決を行うので、ギジョウを閉鎖してください。

エ　この大地震で、就寝中の人が数多くギセイになった。

□C　不審者へのジンモンは、くれぐれも慎重に行ってください。

ア　山のような郵便物をジンソクに処理する。

イ　どうもカンジンな点がはっきりしないので困る。

ウ　彼女の毎月の読書量はジンジョウではない。

エ　クラスの団結を示すため、全員でエンジンを組む。

□ D　父の経営する会社は、着実にギョウセキを伸ばしている。
ア　姉は長年のボランティア活動で多大なコウセキをあげた。
イ　目の前に片づけなければならない課題がサンセキしている。
ウ　彼の心のキセキを丹念にたどってみたい。
エ　このクラスのザイセキ人数は、四十人です。

□ E　新聞社主催の読書感想文コンクールにオウボして、見事入賞した。
ア　彼に対するシボの情が、どうしても抑えられない。
イ　毎週土曜日は街頭に立ってボキン活動を行う。
ウ　亡き母のボゼンに一輪の菊の花を手向ける。
エ　ボショクが迫り、辺りが暗くなってきた。

□ 問２　次の――部における言葉の使い方として適切なものをすべて選び、記号で答えなさい。
ア　彼とは気の置ける者どうしだから、安心してつき合える。
イ　発言が的を射たものだったので、その場にいた誰もが納得した。
ウ　たいへんな役不足で、そのような大任はとてもつとまりません。
エ　あまりにもひどい対応に、温厚な彼もさすがに怒り心頭に発した。
オ　彼女は寸暇を惜しまず勉強する、非常に感心な人間だ。

問３　次の四字熟語の□にあてはまる漢字を次のうちから一つずつ選び、記号で答えなさい。
□ ①　千載一□　ア　隅　イ　偶　ウ　遇　エ　愚
□ ②　直情□行　ア　型　イ　経　ウ　掲　エ　径
□ ③　□天白日　ア　青　イ　清　ウ　晴　エ　静

□ 問４　次の――部が文法的に正しいものをすべて選び、記号で答えなさい。
ア　ここのところ夜遅くまで勉強しているので、ちゃんと起きれるか心配だ。
イ　友達を訪ねたら出かけていたので、帰ってくるまで待たせてもらった。
ウ　この包丁は、さびてしまって、すっかり切れなくなっている。
エ　父は、老眼鏡をかけないと新聞が読めれなくなってしまった。
オ　すぐに答えを教えるよりも、まず学生に考えさせたほうがよい。

70
第3回

出題の分類

一 論説文　二 小説
三 古文　四 知識問題

※特別な指示がない限り、句読点や記号も一字とする。

▼解答・解説はP.128

時　間：50分
目標点数：80点

1回目	／100
2回目	／100
3回目	／100

一　次の文章は、杉田敦「境界線の政治学」の一部である。これを読んで、あとの各問いに答えなさい。なお、出題に際して、本文には省略および表記を一部変えたところがある。

政治とは何かについては、もちろんいろいろな考え方があるが、近代の政治は、境界線によって支えられてきた。例えば地面の上にヴァーチャルな線を引いて、ある領土(テリトリー)を囲い込む。こうした空間的な囲い込みは、単に物理的に空間の利用を限定するにとどまらず、その空間内で起こる出来事についての最終的な決定単位としての主権の観念と結びついてきた。領土を持つ(テリトリアル)国家が、その領土内のすべての事柄について、管轄するものとされたのである。領土内の事柄について、境界線の外部から口を出すことはできないし、境界線の内部に、国家に対抗できる勢力もないというのが、主権の意味である。そして、こうした主権国家が境界線を接してひしめき合うことによって、一種のモザイク状態が生まれ、それによって、管轄されない事柄、決定権力の及ばない領域などはなくなるものと想定されていた。これが、地球を国家(ステート)によって管理するという枠組みにほかならない。

こうした空間的な囲い込みに伴い、もう一つの囲い込みもまた進行した。人間の群れの囲い込みである。特定の人々を国民(ネーション)として囲い込み、それらの人々の運命に特別の関心を寄せることが一般的になった。境界線の内部の群れが大きくなり、より健康になり、より豊かになることが国益(ナショナル・インタレスト)とされる。そして、国家は国益の守護者としてふるまうというのが、国家理性の観念である。国家理性は、普遍主義的な配慮につながるものではない。むしろそれは、境界線の内部からさまざまな問題やリスクを外部に排出することによって、内部の最適化を図るものである。その意味で、国家理性は本来的に偏狭である。政治の目的を、「人が人に対して狼(おおかみ)である」自然状態からの離脱に見出したホッブズこそは、近代の政治的な枠組みを最も鮮明に示した人物である。しかし、ある境界線の内部から自然状態を排除することは、境界線の外部との間に自然状態を生み出すことと引き換えであった。[1]国内政治と国際政治は、こうして表裏一体のものとして成立する。　アしかしながら、そのように境界線によって内側と外側を区別し、国内政治と国際政治を区別するという手法自体が、今回[*]の事態によって問われることになった。何らかの閉じた全体性(トータリティ)が成り立つとは信じられなくなったのである。境界線は［ 2 ］のではないか。そして、内側にいると思っていたらいつの間にか外側にいて、外側のはずが内側になるという状況になっているのではないだろうか。［ イ ］

まず、リスクを「国境線で食い止める」ことができないのではないかという不安が生じている。かつては水際(みずぎわ)で守っていれば、外国からの攻撃は内側には来ないとされていた。たとえ国境線が侵犯されても、従来の戦争なら、敵が首都に到達するまでには時間があった。空間的な距離が、心理的な安全感覚と連動していたのである。ところが、一連のテロ事件によって、国境線の内側で突然戦闘行為が起こりうることが明らかになった。世界的な覇権国家の中心部がいきなり攻撃されるという事態は、幾重にも緩衝地帯を設ければ内側を守ることができるという確信をうち砕いたのである。さらに、例えば郵便のような日常的な制度が大きなリスクを運びうることも判明した。［ ウ ］

こうした外部に対する不安感は、さらにもう一つの、内部的な不安感と連動する。すなわち、国境の内部に異質性があるという事実を、多くの人々が不安材料として意識し始めたのである。国家理性は、国民という群れが、基本的に同質的なものであると信じさせようとしてきた。実際には、どんな国民集団も、最初からさまざまな差異を内部に含んでいたのだが、国民国家は、教育を通じて公用語を強制し、国民文化を確立することなどによって、同質性をつくり出したのである。そして、ひとたび一定の同質性が形成されると、それはずっと以前から存在していたかのように考えられる。こうした国民の同質性は、人々が共存していくための不可欠の条件ではないにもかかわらず、まるでそうであるかのような考え方が力を持っている。さまざまな人々が一緒に暮らしていることは、それ自体として困ったことでも異常なことでもない。しかるに、ある人々によれば、少数民族や移民集団の存在こそが、リスクを増大させる元凶なのである。テロリズムは実際には「われわれ」全てにとっての問題であり、決して特定の集団だけのものではない。[3]オウム真理教のような集団が、いわゆる先進国の、しかも高学歴の人々の中から出て来たことを想起すれば、それは明らかである。しかし、今回のような事件が起こると、「われわれはこんなことはしない。こんなことをするのは彼らだけだ」と、誰かを悪の根源と見なすような考え方が広まる。［ エ ］

こうして、漠たる不安感を背景に、不安をぬぐうための[4]「セキュリティ(安全)の政治」とも言うべきものが前面に出て来る。そこではまず、最近のこの国に見られるように、軍事がにわかに脚光を浴びる。軍隊を派遣して戦争することが、テロ対策として常に有効かどうかははなはだ疑わしい。にもかかわらず戦争が注目されるのはなぜか。それは、戦争が境界線をつくり出すものだからである。戦争は、敵味方がはっきりしていなければできない。誰を守るべきであり、誰を殺してもよいのかがあいまいなところでは、軍隊が動くことはできない。したがって、戦争をするためには、境界線を明確にせざるをえないわけである。逆に、境界線があいまいな時には、軍事的な論理を持ち出すことによって、境界線を確立することができる。境界線の再確認をしたいがために危機を演出する人々さえ出てきかねないのである。［オ］

同時に、国境線の内部から「他者」を排除することによって、国境線を内側から回復するという論理もあらわれる。ある種の民族、ある種の宗教の信者、ある種の思想を持つ人々を、「潜在的なテロリスト」と決めつけて排除したり、どこかに収容して規律化したりする。そのことによって、内部の同質性を確保し、セキュリティを確保しようとするわけである。電話や電子メールなどの盗聴、あるいは「個人情報管理」という名の情報統制が、すでに行われつつあるのである。［カ］

境界線を守って内部を最適化しようとしているのは誰か。こうした政治が、単に一部の「権力者」の陰謀にとどまらず、国民のかなりの部分によって支持されうるということを意識する必要がある。境界線の政治が支持されてきたのは、生活を守りたいという人々の欲求にそれが合致していたからである。抽象的な理念の実現のために、人々が常に動くとは限らない。しかし、安心して生活できるようにしてほしい、それには多少の権利制限や治安強化は甘受するという「草の根のセキュリティ要求」は、今後身近なところで事件が起きたりすれば、急速に強まりかねないのである。

われわれは、これとは別の考え方を、どこまで示せるだろうか。一つには、5セキュリティ要求が、自己破壊的、あるいは自己否定的な側面を持っていることを明確にすべきである。治安対策は、一般の人々には影響しないという考え方が根強い。きわめて異質な「悪い」連中が排除されるだけだとタカをくくる人が多い。しかし実際には、ある人々が排除されても安心することはできず、今度は残された群れの中から別の人々が排除される。こうして、結局、最後の一人が消滅するまで、社会の中からリスクをゼロにすることはできないのである。こういう粛清の循環が始まったらどうなるのか。実際それに近いことはこれまでも起こりかけたし、決して絵空事ではない。テロを「根絶する」という言葉が含むテロリズムを意識すべきである。

もう一つ言わなければならないのは、境界線の回復という目的が、そもそも実現不可能であることである。経済的、文化的な結びつきや、人の往来などがますます増える中で、「外からの影響を入れない」、あるいは「他者と接触しないように立てこもる」ことは、とうてい無理である。もはや、どんな政府といえども、重要な事柄について、国境の外部との相談や交渉なしに勝手に決めることはできないし、許されない。例えば、主権国家が、主権があるからといって、自分たちの国民経済を排他的に管理することなどできるだろうか。中央銀行が何を言おうと、外部に開かれている市場はそれに従うとは限らない。経済の規模は、すでに一国の財政・金融政策が管理できる範囲を超えているのである。文化政策についても同じことが言える。国民という単位が前提としてきた、国民の文化的な同質性ももはや限定的なものでしかない。文化は国境を越えて流通しつつあり、それを制約しようとするあらゆる試みは失敗せざるをえない。

要するに、現在の状況は、国内政治と国際政治の間の境界線が維持できなくなって、ややカール・シュミット的な表現をすれば、「内政の外政化」と「外政の内政化」が同時進行しているのである。この事態をどうとらえるか、その認識の仕方が大きな分かれ目になるような気がしている。

〈注〉今回の事態――2001年9月11日に発生した米国同時多発テロのこと。

□問1　次の文が入る最も適当な箇所を本文中の ア ～ カ から選び、記号で答えなさい。

これは、コンピュータ・ウィルスを用いたサイバー・テロなどと共に、ネットワークでつながった現代社会が、何らかの障壁によって守れないという印象を強めるだろう。

□問2　――部1「国内政治と国際政治は、こうして表裏一体のものとして成立する」とあるが、それはどういうことか。六十字以内で説明しなさい。

□問3　 2 に入る表現として最も適当なものを次のうちから選び、記号で答えなさい。

ア　反転している　　イ　はっきりしている
ウ　濃くなっている　　エ　変化している
オ　ほころんでいる

□問4　――部3「オウム真理教のような集団」とあるが、筆者はこの「集団」を例にして、どのようなことを主張しているのか。「異質」・「同質」の2語を用いて、六十字以内で説明しなさい。ただし2語を用いる際に「　」内に入れる必要はない。

□問5　――部4「セキュリティ（安全）の政治」とあるが、それが行われた場合、どのようなことが起こると筆者は考えているのか。その説明として不適当なものを次のうちから2つ選び、記号で答えなさい。

ア　国家は国民からの支持もあり、軍事力を使って他国との国境線を確立する。
イ　国家は他国との緊張関係を積極的につくり出すことで、国境線を明確化する。
ウ　国家は人々の監視を強化することで、危険と見なされる集団を特定する。
エ　国民は自由で平和な国際社会の実現を望んでいるため、国家に協力的となる。

オ　国家は国民の情報統制を強めるが、安全な生活を望む国民はそれを許容する。

カ　国家は国内の同質性を学校教育によって高めることで、国民の安全を確保する。

□問6　――部5「セキュリティ要求が、自己破壊的、あるいは自己否定的な側面を持っている」とあるが、それはなぜか。その理由として最も適当なものを次のうちから選び、記号で答えなさい。

ア　安全を求める人々の希望に応（こた）えて国家が危険な集団を排除し始めると、それは際限なく続き、やがて一般の人々も排除の対象になる可能性があるから。

イ　国民の要求によって国家が危険な勢力を排除しようとしても、そうした勢力は簡単に国内に入りこみ、一般の人々の安全が脅かされるから。

ウ　国家が国民のために悪質な勢力を排除しようとしても、こうした勢力の特定は難しく、安全を望んでいた一般の人々が誤って排除される場合もあるから。

エ　国民はテロリズムを恐れ、自分たちの安全な生活の実現を強く望むため、かえって国民相互の不信感が高まり、お互いを排除しようとしてしまうから。

オ　国民が国家に安全な生活を求めることによって、国家は危険な集団を社会から排除しようとするが、それらの全てを排除することはできないから。

□問7　本文の内容を説明したものとして最も適当なものを次のうちから選び、記号で答えなさい。

ア　国家は主権を持つが、それは国内に対する絶対的な支配力を生み出すため、これに対抗する勢力は国内に存在できず国民の自由も制限された。

イ　21世紀に入りさまざまなテロ活動が活発化し、国境線が不明確になった結果、国民は日常生活の安全に関して深刻な不安を持つようになっている。

ウ　人々が本来持っていた多様性を国家が教育を通して消し去り、新たに均質性を生み出すと、国民はそうした均質性を歴史的なものだと錯覚するようになった。

エ　国民の安全を望む声があまりに強くなると国家は対応に困り、効果が明確ではないにもかかわらず、軍事行動を取らざるを得ない状況になっていく。

オ　グローバル化が進んでいく現代において、それでも境界線の回復にこだわり続ける国家はすでにその役割を終えており、国民はそのことに気づくべきだ。

二 次の文章を読んで、あとの各問いに答えなさい。

私(孝子)と尚輝は幼馴染で、同じ高校に通っていたが、尚輝は芸能事務所に所属し、仕事が忙しく、高校を中退した。以下は、二人が孝子の高校の卒業式の最中に学校の屋上で話をしている場面である。

春の朝はまだ寒い。だけど尚輝は薄いＴシャツ一枚で大丈夫みたいだ。

「高一の、文化祭の日ね」

私は、大きな声で言った。「ちょっ」と尚輝がたじろぐぐらい大きな声だった。なんだかわからないけれど、携帯の電源を切ってしまったら、もういいか、という気持ちになった。

ローファーを脱いだ勢いで、靴下も脱ぐ。左足のソックタッチがぺりぺりとはがれて、ふくらはぎより下の部分がむきだしになる。

風がさっきよりも強く吹いている。生きているみたいに動く黒髪を指で押さえて、私は腹から声を出す。

「私、あの本番の舞台、多分一生忘れられないと思うんだ」

尚輝はすぐ忘れちゃうかもしれないけどね！　私の精一杯の声は風に乗って流れていく。ボールを投げたように、ひゅん、とどこまでも飛んでいく。

文化祭当日。私の立ち位置は尚輝の後ろの後ろで、観客の目につきにくい場所だった。私はその場所で精一杯踊ろうと思った。尚輝に教えてもらった通りに、悪い意味で誰かの目に留まらないように。

「①尚輝が踊るところ、あんなに近くで見るの、あれが最後だったのかもね」

みんなで衣装に着替えて、円陣を組んで、幕が上がるのを待った。そのときまでは、みんな一緒だった。同じ気持ちで緊張し、高揚し、舞台が始まるのを待った。文化祭独特の空気の中で、私も隣の女の子と手を取り合ったりしていた。

「私、多分、ずっと忘れないよ」

だけど幕が上がって、私はハッとした。スポットライトが当たっても、音楽が始まっても、踊り出しても、その感情は変わらなかった。

だって今、②尚輝以外の誰にも、スポットライトなんて当たっていない。

私はそう直感した。実際は全員にライトは当たっている。だけど、同じ舞台に立っていながら私は、観客のような気持ちになっていた。同じ舞台に立っているはずなのに、尚輝はその上にある別の舞台の上に立っているように見えた。

あの中でたったひとり、尚輝だけが、舞台に立つべき人だった。

「私、本当は、あの時にもう覚悟してたのかもしれない」

空に向かって話しかけているみたいだ。裸足の指と指のあいだを、春の朝の風がするりと通り抜けていく。足の裏が、薄荷キャンディを舐(な)めたときのように、すー、としている。

「尚輝は多分、私の知らない世界へ行っちゃうって、覚悟してたのかもしれない。さっき尚輝は、自分にないものを孝子は全部持ってるって言ってたけど、私が持っているものなんて、誰でも持ってるんだよ」

　口から飛び出した途端、私の声は風にさらわれてばらばらに飛び散ってしまう。尚輝はちゃんとかき集めてくれているだろうか。

「尚輝は、私の持ってないものを全部持ってる。つまり、みんなが持ってないものも、全部」

　途中で、なんでこんなことを話しているんだろうと思ったけれど、止まらなかった。呼び出されたのは私のはずなのに、私の方が話をしたくてたまらなかったみたいだ。ちらりと横を見ると、③メガネのレンズを通していないぼやけた視界の中で、尚輝がまっすぐ空を見つめているのが見えた。

　瞳も、青いTシャツも、浮き出た血管も、そのままあの春の青空にくるまれてどこかへ行ってしまいそうだ。こんなに空に近い場所にいると、そんな気持ちになる。

「こんな、真面目で、校則もぜーんぶ守って、学級委員とかやって、親に言われたとおり地元の国立受けて、昨日だってずっと*油性ペン探してたりして、屋上にだってびくびくしてなかなか来られないような私が持ってないものを、尚輝は全部持ってるんだよ」

だからがんばってね。

私の憧れで、いつづけてね。

最後のほうは、声になっていたかもわからない。胸のあたりにある水分を全部絞り取られているような気持ちになって、うまく声が出なかった。

　恋心とか片思いとか、そういう甘い思いじゃない。もっともっと辛くて、苦くて、憧れて、憎くて、焦って、もう二度と味わいたくないような思いを、私は尚輝に対して何度も感じてきた。

　スカートの中に風が入ってきた。④もう、折り目なんてどうでもいい。

　そこで、チャイムが鳴った。不意だった。

　空から、一音一音、落ちてきたみたいだった。

きれいな音だ、と思った。卒業式の始まりを告げるチャイム。チャイムってこんな音をしてたんだ。いつもと違うふうに聞こえる。

「……私、こんなところでチャイム聞いたの、初めて」

「初めてのサボりが、卒業式？」

「そうみたい」

「孝子、それめちゃくちゃカッコいいよ」

　チャイムに負けないように、尚輝も大声を出す。マンガなんかだときっと、ここでわけもなく笑ったりするんだろうけど、私は泣きそうになっていた。ふう、ふう、と不自然なリズムで息をしながら、涙が出るのをこらえた。だってこれは、尚輝の卒業式が始まるチャイムだ。私はそう思った。尚輝が、私とは本当に違う世界に消えていってしまう始まりの鐘の音だ。

自分が高校を卒業してしまうとか、クラスのみんなとばらばらになってしまうとか、この校舎が取り壊されてしまうとか、そんなことどうでもよかった。ただ、これから高校生とは呼ばれない時間を生きていくことになる私たちの道のりは、きっともう本当に、二度と交わることはない。

私はこの春から、地元の国立大学に通う。英語教師が、自分の本当の夢なのかもわからないままに、進学する。だけどそれはきっと正しい。少なくとも、間違ってはいない。私にとって、それが一番幸せなことなんだ。

ふう、ふう、と不自然な息をしていると、体育館から、吹奏楽部の演奏する〝威風堂々〟が聞こえてきた。卒業生が入場しているのだろう。そういえば、私は、クラスの代表として卒業証書を受け取る係だった。入場の列でも、クラスの先頭は私だった。そういうことを考えるとやっぱり少しお腹(なか)が痛くなる。

だけど、いいや。今は尚輝と同じ景色を見ているほうが、いい。

「ほんとにサボっちゃった」

あきらめたように私がつぶやくと、尚輝はひょいっと立ち上がった。学校に関わる人はみんな体育館に入っているはずだから、もう立ち上がったって何を叫んだって大丈夫だろう。私は寝転んだまま、ジーパンをぱんぱんと払う尚輝のてのひらを見ていた。ぽろぽろと、さっき食べたチーズケーキのかけらが落ちてくる。

「こういう日に初めてサボるってのが、孝子らしいね」

尚輝はそう言って、キャップをかぶりなおす。下から見上げていると、青空から尚輝が飛び出てきたみたいに見える。⑤尚輝が、あの青を全て背負っている。

夏でもないのに、尚輝の周りの空間がゆらゆらとゆらめきだした気がした。あの日、空気が波打つような暑さの中で、尚輝は踊っていた。初めての屋上にドキドキする私の前で、ゆらゆらと逃げ水の中でゆらめいて、追いかけた分だけまた離れていくみたいに、踊っていた。

「やっと式も始まったことだし、ほら、孝子も立って」

尚輝はそう言って手を差し出してきた。私は遠慮なく引き上げてもらう。ズレてしまったメガネを直して立ち上がる。寝転んでぐちゃぐちゃになってしまっていた体の中身が、元の位置に戻るような感覚がする。

「俺、明日、大きな仕事のオーディションがあるんだ」

尚輝は、その目いっぱいに私の姿を映す。やわらかい茶髪が風に乱れて、どんな表情をしているのかわからなくなる。

「最後に、孝子に俺の踊ってる姿、見てもらおうと思って」

うん、と私はうなずいた。体育館のほうからはたまに、拍手の音とか、国歌のメロディとかが細く細く聞こえてくる。⑥尚輝はスピーカーの音量を最大限まで大きくした。卒業式がどこかへ飛んでいく。

ここが舞台に見える。世界中で私しか知らない、尚輝の舞台。

「俺の姿見てもらいたくて、呼んだんだ」

尚輝がそう言って、私が、うん、とうなずいたとき、不意に風が止んだ。スカートもTシャツの裾も髪の毛も動かなくなったとき、私は気がついた。

尚輝が泣いていた。

泣きながら、踊りだした。まるで汗のように、小さな涙の粒が飛んだ。私はここで、絶対に自分は泣いてはいけないと思った。⑦私が泣いたらダメだ、絶対にダメだ。

わかっていた。尚輝は不安なんだ。ずっと前から、ずっと不安だったんだ。私は、小さなころから、尚輝がどこかへ行ってしまうんじゃないかって不安だった。こんな小さな町も、教室も、テストも似合わない尚輝がきらきら輝いて見えていたから。私のできないことを軽々とやってしまう尚輝の背中を追いかけていれば、私もどこか違う場所へ行けるんじゃないかと思っていた。

尚輝は踊る。涙もぬぐわずに、ただ踊る。

尚輝はどれだけ不安だったのだろう。どれだけ怖かったのだろう。自分だけ、みんなと違う道へと踏み出すことを決めたとき、退路を断つと決めたとき、尚輝はどれだけ怯えていたのだろう。

それでも、踊る尚輝の姿は美しい。気がつくと私は、ふう、ふう、と、また不自然な呼吸をしていた。メガネをきちんとかけているはずなのに、視界がゆらゆらとゆらめいてくる。

あの日見た逃げ水みたいだ。近づくことのできない逃げ水の中で、尚輝が踊っている。もう、私の手では、触れることはできない。裸足の足の裏から、コンクリートの冷たさが伝わってくる。尚輝がたったひとりで背負っていた自由の冷たさが、私の体にも染み込んでくる。

私が笑って、大丈夫だよ、がんばれって送り出してあげないと、絶対にダメだ。それが私にできる唯一のことなんだ。私が泣きだしたら絶対にダメだ。ふう、ふう、と息をしながら、私は様々なことを思い出していた。

幼かった日々、初めてこの屋上に来た日、文化祭のステージ、夜中に暗いリビングで一人で観たテレビ。習いたくなかったピアノ、なりたくなかった学級委員、見つからなかった油性ペン、四月から通う地元の大学。

何が幸せで、誰が正しいかなんてわからない。ただ、私はふう、ふう、と息をしながら、涙を散らして踊る尚輝を見つめていた。春の青空の下で、長い四肢を精一杯に使って踊り続ける尚輝の姿を、ただ見つめていた。

（朝井リョウ「少女は卒業しない」による）

〈注〉 油性ペン —— 孝子は卒業アルバムに寄せ書きをする際、油性ペンをクラスの女の子たちに貸そうと考え、前日に家で探していた。

□問１　――部①「尚輝が踊るところ、あんな近くで見るの、あれが最後だったのかもね」とあるが、どういうことか。最もふさわしいものを次のうちから選び、記号で答えなさい。

ア　芸能界に行った尚輝がスターになってしまったら、尚輝の優れた踊りを直接見ることはもうできないだろうということ。

イ　高校を卒業してしまうので、文化祭で尚輝の魅力的な踊りを見ることはもう二度とできなくなってしまったということ。

ウ　尚輝が芸能界に行ってしまったら、あれほどの至近距離で彼の素晴らしい踊りをもはや見ることはできないということ。

エ　尚輝が高校を中退してしまったので、学校の中では彼の素晴らしい踊りを見ることは永遠にできなくなったということ。

□問２　――部②「尚輝以外の誰にも、スポットライトなんて当たっていない」とあるが、どういうことか。最もふさわしいものを次のうちから選び、記号で答えなさい。

ア　尚輝の踊りだけが飛び抜けてうまいので、観客には彼の踊りだけが心にきざまれるということ。

イ　尚輝は既に芸能界で活躍していて有名なので、彼だけに見ている人の関心が集まるということ。

ウ　尚輝が一番前で踊っているので、観客のまなざしはどうしても彼ばかりに注がれるということ。

エ　尚輝が指導して創り上げた踊りなので、尚輝が目立つように構成された踊りであるということ。

□問３　――部③「メガネのレンズ」とあるが、メガネを通して見ることは、視力の回復以外に、孝子にとってどのような意味があることだと考えられるか。それを説明した以下の文の［A］・［B］に入る言葉を、それぞれ十字以上二十字以内で答えなさい。

☆［A］ようになることで、［B］ということ。

□問４　――部④「もう、折り目なんてどうでもいい」とあるが、このように思うのはなぜだと考えられるか。五十字以上六十字以内で答えなさい。

□問５　――部⑤「尚輝が、あの青を全て背負っている」とあるが、これは孝子が、尚輝のどのような様子をあらわした表現か。最もふさわしいものを次のうちから選び、記号で答えなさい。

ア　尚輝が、孝子には手の届かない、広い世界へ飛び込んでいこうとしている様子。

イ　尚輝が、一人では抱えきれない将来への不安に駆られて、空を仰いでいる様子。

ウ　尚輝が、孝子たちとの思い出を消し去って、清々（すがすが）しい気持ちになっている様子。

エ　尚輝が、孝子を芸能界という、自由で夢のある世界へ連れていこうとする様子。

□問６　――部⑥「尚輝はスピーカーの音量を最大限まで大きくした」とあるが、なぜだと考えられるか。最もふさわしいものを次のうちから選び、記号で答えなさい。

ア　音量を上げることで、自分の気持ちを高めて、今までで最も素晴らしい踊りを孝子に見せたかったから。

イ　周囲の雑音を消し去ることによって、尚輝と孝子だけが深く関わり合える空間を創り出したかったから。

ウ　踊りにあったハイテンションな音楽で空間を満たし、卒業式というわびしい気分を払拭したかったから。

エ　卒業式に関係するくだらない音楽を消し去ることで、尚輝は自分自身の踊りだけに集中したかったから。

□問７　――部⑦「私が泣いたらダメだ、絶対にダメだ」とあるが、なぜか。五十字以上六十字以内で答えなさい。

三　次の文章を読んで、あとの各問いに答えなさい。

或時＊猫間中納言光隆卿といふ人、＊木曾に宣ひあはすべき事あッて＊おはしたりけり。郎等ども、「猫間殿の＊見参にいり、申すべき事ありとて、＊いらせ給ひて候ふ」と申しければ、木曾①大きにわらッて、「猫は人に＊げんざうするか」。「是は猫間の中納言殿と申す公卿で＊わたらせ給ふ。御宿所の名とおぼえ候ふ」とⅰ申しければ、木曾、「さらば」とて対面す。猶も猫間殿とはえいはで、「②猫殿のまれまれわいたるに物よそへ」とぞ宣ひける。中納言是を聞いて、「③ただいまあるべうもなし」と宣へば、「いかがけどきにわいたるにさてはあるべき」。何もあたらしき物を＊無塩とⅱ心えて、「ここに無塩の＊平茸あり。とうとう」といそがす。＊根井の小弥太陪膳す。＊田舎合子のきはめて大きにくぼかりけるに、飯うづたかくよそひ、御菜三種して、平茸の汁でⅲ参らせたり。木曾が前にも同じ体にてすゑたりけり。木曾箸とッて食す。猫間殿は合子のaいぶせさに召さざりければ、「それは義仲が＊精進合子ぞ」。中納言④召さでもさすがあしかるべければ、箸とッて⑤召すよししけり。木曾是を見て、「猫殿は□におはしけるや。きこゆる猫おろしし給ひたり。＊かい給へ」とぞせめたりける。中納言かやうの事にb興さめて、宣ひあはすべき事も一言もいださず、やがていそぎ帰られけり。

（「平家物語」による。本文を改めたところがある）

〈注〉猫間中納言光隆卿――藤原光隆（一一二七～一二〇一）。藤原氏北家、権中納言正二位清隆の三男。猫間は邸の所在地で、七条坊城壬生の辺。

木曾――源義仲（一一五四～一一八四）。信濃国木曾（現在の長野県木曽郡）で育った源氏方の武将で、平家を追い落とし真っ先に都入りした。

おはしたりけり――おいでになった。「おはし」は尊敬語。

見参にいり――お目にかかり。

いらせ給ひて候ふ――おいでになっています。「給ひ」は尊敬、「候ふ」は丁寧の意味を添えている。

げんざう――「見参」のなまった言い方。

わたらせ給ふ――いらっしゃいます。

えいはで――言うことができずに。

わいたる――「おはしたる」のなまった言い方。

けどき――食事時。当時、武士は三食だが、貴族の食事は一日二度で昼食の習慣がなかった。

無塩――新鮮で塩漬けでない魚介類をいう。

平茸――きのこの一種。

根井の小弥太――義仲の従者。

田舎合子――田舎風の蓋のある椀（わん）。

精進合子――仏事に使う特別の合子。

猫おろし――猫が食事を少し食べ残すこと。

かい給へ――かきこみなさい。

□問１ 〰〰部ⅰ「申しければ」・ⅱ「心えて」・ⅲ「参らせたり」の主語を次のうちからそれぞれ選び、記号で答えなさい。

ア 木曾義仲　イ 小弥太　ウ 猫間中納言

エ 郎等ども

問２ ══部ａ「いぶせさ」・ｂ「興さめて」のここでの意味として最も適切なものを次のうちからそれぞれ選び、記号で答えなさい。

□ ａ「いぶせさ」

ア 巨大さ　イ 不潔さ　ウ 不思議さ

エ 無骨さ　オ 見事さ

□ ｂ「興さめて」

ア おそれて　イ 面白がって　ウ 興奮して

エ しらけて　オ 腹を立てて

□問３ ――部①「大きにわらッて」とあるが、なぜ笑ったのか。二五字以内で答えなさい。

問４ ――部②「猫殿のまれまれわいたるに物よそへ」・③「ただいまあるべうもなし」・④「召さでもさすがあしかるべければ」の解釈として最も適切なものを次のうちからそれぞれ選び、記号で答えなさい。

□ ②「猫殿のまれまれわいたるに物よそへ」

ア 中納言が久しぶりにおいでになったのだから、食事はよそでしよう。

イ 中納言が猫を連れておいでになるから、食べ物は外に出しておけ。

ウ 中納言がめずらしくおいでになったのだから、食事を用意しろ。

エ たまにおいでになる中納言と、たまに来る猫とはよく似ている。

オ 猫がたまにやって来ることがあるから、食べ物を用意しておけ。

□ ③「ただいまあるべうもなし」

ア 今から食事を断るわけがない。

イ 今は食事をする時間ではない。

ウ　今はまだ食事の準備はしていない。
エ　ここに食事があるはずがない。
オ　もうすぐ食事が終わるところだ。

□　④「召さでもさすがあしかるべければ」
ア　お召しであってもさすがに食べたくないので、
イ　お召し物もやはり薄汚かったので、
ウ　召し上がらないのもやはり具合が悪いので、
エ　召し上がらなくてもおいしくないのはわかるので、
オ　召し上がるのはさすがに気が引けたので、

□問5　――部⑤「召すよししけり」とはどういうことか。十字程度で答えなさい。

□問6　[　]に入れるのに最も適切な語を次のうちから選び、記号で答えなさい。
ア　小心　イ　小食　ウ　小人　エ　大器　オ　無口

□問7　本文の内容に合うものを次のうちから二つ選び、記号で答えなさい。
ア　木曾義仲は、貴族社会の作法が理解できない田舎武士であった。
イ　木曾義仲は、猫間中納言のためにごちそうを準備して待っていた。
ウ　猫間中納言は、木曾義仲に合わせて田舎風の食事をふるまった。
エ　猫間中納言は、木曾義仲に相談するのをやめて帰ってしまった。
オ　猫間中納言は、猫を飼っているので「猫間」と呼ばれていた。

四　次の各問いに答えなさい。

□問1　次の――部1～3の語の文法的説明として正しいものをそれぞれあとから選び、記号で答えなさい。

すごい風だ。東京の春は、からっ風が強く[1]て不愉快だ。埃（ほこり）が部屋の中にまで襲来し、机の上はざらざら[2]、頬（ほっ）ぺたも埃だらけ、いやな気持（きもち）だ。これを書き終えたら、風呂へはいろう。背中にまで埃が忍び込んでいるような気持で、やり切れない。

僕は、きょうから日記をつける[3]。このごろの自分の一日一日が、なんだか、とても重大なもののような気がして来たからである。

（太宰治「正義と微笑」による）

ア　五段活用動詞の連用形　イ　五段活用動詞の終止形
ウ　五段活用動詞の連体形　エ　下一段活用動詞の連用形
オ　下一段活用動詞の終止形　カ　下一段活用動詞の連体形
キ　形容詞の連用形　ク　形容詞の終止形
ケ　形容詞の連体形　コ　形容動詞の連用形
サ　形容動詞の終止形　シ　形容動詞の連体形
ス　副詞　セ　連体詞
ソ　名詞

□問２　次のア〜オのうち、――部が謙譲語であるものを一つ選び、記号で答えなさい。

ア　先生は職員室にいらっしゃる。

イ　あなたがおっしゃったことが理解できません。

ウ　お食事を用意いたしました。どうぞ召し上がってください。

エ　この資料は来場された方に差し上げています。

オ　社長が社員のプレゼンテーションをご覧になる。

問３　次のA・Bのことわざの□にあてはまる漢数字をそれぞれ答えなさい。

□　A　□の足を踏む

□　B　一寸の虫にも□分の魂

70

第4回

出題の分類

一 論説文　二 論説文
三 漢文　四 漢字の読み書き

※特別な指示がない限り、句読点や記号も一字とする。

▼解答・解説はP.132

時間：50分
目標点数：80点

1回目	／100
2回目	／100
3回目	／100

一　次の文章を読んで、あとの各問いに答えなさい。

＊西田幾多郎（にしだきたろう）の「純粋経験」の概念は、言葉の問題に深く関わっています。「純粋経験」というのは、たとえば「このバラの花は赤い」、あるいは「小鳥の声が聞こえた」と言った仕方で判断がなされ、言葉で言い表される以前の事実それ自体のことです。

西田によれば、「このバラは赤い」と言う判断は、私たちが現在の感覚を過去の感覚と比較し、その共通項を取り出すことによって生まれます。判断はそのような連関を指し示しますが、〔　a　〕「このバラの花は赤い」という言葉で、私たちはいま目の前にしているバラの花の独特の赤を言い表すことはできません。〔　b　〕「赤い」という言葉に、「深みのある赤」とか、「独特の光沢のある赤」とか、いろいろと言葉を補うことはできます。しかしどれだけ言葉を補っても、もとの経験そのものを言い表すことはできません。

言葉というのは、私たちの経験の具体的な内容を、ある断面で切り、その一断面で経験全体を代表させようとするものであると言えるでしょう。もちろんそれは経験の一断面ですから、当の経験を言い表したものであることはまちがいありません。しかしあくまで一断面であり、経験そのものと比較したとき、両者のあいだには大きなヘダ（A）たりがあります。具体的に言えば、目の前にしているバラの花の独特の色合いと、「赤い」という言葉のあいだには大きなヘダたりがあります。そのあいだには無限の距離があると言ってもよいでしょう。①言葉には必ず事柄の抽象化ということが伴っています。

西田はそのような言葉による抽象化がなされる以前の、事柄それ自体、つまりその豊かさをそのままに保持した事柄全体を、「事実その儘（まま）」という言葉で、そして「純粋経験」という概念で言い表そうとしたのです。

しかし、私たちは経験と言葉とを厳密に区別することができるでしょうか。つまり、言葉になる以前の経験――それを仮に「原体験」と呼びます――を私たちは実際にそれ自体として取り出すことができるでしょうか。

たとえば庭に咲く青い花を見るとき、私たちはその経験から、言葉以前を、〔　c　〕「青い」、あるいは「花が咲いている」と判断する以前を②純粋な形で取り出すことができるでしょうか。目の前の青い花の美しさにBミリョウされているときにも、つまり、「純粋に」経験がなされているときにも、すでに、その花が「花」として受け取られ、そしてその色が「青色」として受け取られている、ということが起こっているのではないでしょうか。そこにすでに言葉が働き出ているのではないでしょうか。

私たちはまず「原経験」と呼ぶべきものを手にして、そのあと言葉による分節を行うのではなくむしろ最初から③花を花として見、風の音を風の音として聞いているように思います。

もちろん見慣れないものを見、聞き慣れないものを聞くという経験をすることもあります。しかしそのときも私たちは、最初からそれを見慣れないものとして、少なくともある種類のものとして見ています。いま何か大きな音が響きわたったとしますと、私たちはそれをたとえば爆発音のようなものとして聞きます。それからそれをこれまでの経験と引き比べながら、何として見なしたらよいかを考えます。そして車が何かにCショウトツした音だとか、ビルの解体作業の現場で生じた音だとか判断します。このように、私たちが行うすべての経験において、つねに――意識するにせよ、しないにせよ――すでに、私たちが前もって獲得している世界理解の枠組み――世界において起こる出来事や事物を理解し、解釈する枠組み――が関与していると思います。言いかえれば、この「……として見る」、あるいは「……として聞く」というときの「……として」のなかに言葉が働き出ていると考えられるのです。

一般に「言葉とは何か」ということを考えてみますと、二通りに解釈することができると思います。まず第一に、言葉は、考えるための、あるいは考えたものを表現するための「道具」であると言うことができます。つまり ④ と考えるのです。

しかし、そもそも「言葉のない思索」というものを考えることができるでしょうか。〔 d 〕、思索は言葉を通してはじめて成立するのであり、言葉は思索の単なる「道具」ではない、という考え方も成り立つと思います。そこに、思想は言葉という形を得てはじめて思想になるのであり、それ以前に純粋な思想というものがあるのではない、というもう一つの考え方が成り立ちます。

前者は次のような考え方に結びついています。私たちが日本語なり、英語なり、自分の言語を使う以前に、つまり日本語の場合で言えば、水とか、土とか、木とか、光といった言葉を使う以前に、言いかえれば、ある事柄にそういう名前をつける以前に、もの、あるいは世界が客観的に区分ないし分節されているという考えです。私たちはそのあらかじめ区分されたものに、いわば偶然な仕方で、たとえば日本語であれば「水」という名前を英語であれば“water”という名前をつけていくのだと考えられます。ここでは言葉は*符牒（ふちょう）のような役割をしています。

それに対して第二の解釈は、ものは言葉以前にあらかじめ分節化されているのではなく、言葉とともにはじめて分節されるのだという考えに結びついています。つまり⑤言葉によって世界の見え方が決まるのです。

一つの例として、たとえば「青い」という言葉をとってみますと、まず、それに対応するものが世界のなかに客観的に存在しており、それを日本語を使う人は「青い」という言葉で、英語を使う人は“blue”という言葉で言い表しているというようにも考えられます。しかしそう単純には言えません。「青い」という言葉と、“blue”という言葉が指しているものが必ずしも同じではないからです。「人間いたるところ青山あり」という成句の場合もそうですが、「草木が青々と茂った場所」と言うときの「青々」は実際には緑色のことです。「青い」という言葉と“blue”と言う言葉が意味する範囲は、必ずしも同じではないのです。

こうした例を手がかりに考えますと、先に挙げた二つの見方のうち、第二の方が言葉の本質を捉えているように思われます。つまり私たちは、日本語なら日本語、ドイツ語ならドイツ語、それぞれの言語によって、いわば一つの連続体である知覚対象を独自の方法で分節しているわけです。私たちが使う言葉に応じて、それぞれの仕方で知覚対象に切れ目が入れられると言ってもよいでしょう。

もちろん厳密に言えば、言葉による分節以前に、生理的なレヴェルでの分節を考えなければなりません。私たち人間は、私たちの感覚器官の構造に応じた仕方で、まず対象を分節しています。それは日本語を話す人であれ、アラビア語を話す人であれ、人間であればまったく変わりありませんが、昆虫や鳥がそれぞれの感覚器官に応じて行う分節とはまったく異なっています。感覚器官を通して周りのものをどのように受け取っているかという点で言えば、私たちは昆虫や鳥とはまったく違った世界に住んでいると言ってもよいのです。

しかしそれよりも重要なのは、人間の場合、この感覚器官による分節に加えて、さらに言語による分節を行っているという点です。動物学者のユクスキュル*が、ダニや昆虫、あるいは鳥類や人間など、さまざまな生物がそれぞれの生理的な機能に即した形で、見たり、聞いたり、感じたり、働きかけたりする固有の“Umwelt”*(環境・周り世界)をもっていることを主張しましたが、人間はそれにとどまらず、言語によって分節される世界をもっていると言うことができます。それを“Welt”*(世界)という言葉で言い表せば⑥人間は二重の世界のなかに住んでいると言うことができます。その“Welt”のなかで日本語を使う人はそれに固有の仕方で、またドイツ語を使う人はそれに固有の仕方で知覚世界を分節し、世界を構造化しているのです。先ほど言葉によって世界の見え方が決まると言ったのは、そういうことです。

世界の見え方、あるいは世界のあり方に言葉は深く関わっています。その世界の見え方、あり方は、言葉によってオ(D)りなされた世界理解の枠組みとして、私たちのうちにチクセキ[E]されます。私たちが日々行う経験には、この世界理解の枠組みが関与しています。私たちの経験には言葉が深く関与しているのです。

（藤田正勝「哲学のヒント」による）

〈注〉西田幾太郎――（一八七〇～一九四五）哲学者。代表的著作に『善の研究』（一九一一刊）がある。

符牒――原義は商品につけて値段を示す目印のこと。ここは「しるし」・「記号」の意。

ユクスキュル――（一八六四～一九四四）ドイツの動物学者・比較心理学者。

Umwelt――ドイツ語。ユクスキュルが提唱した生物学の概念。「環世界」・「環境世界」と訳される。

Welt――ドイツ語。「世界」・「宇宙」のこと。

□問1 ――部A～Eのカタカナを漢字に直しなさい。

□問2 〔 a 〕～〔 d 〕に入る語の組み合わせとして最も適当なものを次のうちから選び、記号で答えなさい。

ア a もちろん b ちなみに c すなわち d あるいは
イ a しかし b たとえば c とりわけ d むしろ
ウ a もちろん b ちなみに c たとえば d すなわち
エ a しかし b もちろん c すなわち d むしろ
オ a もちろん b たとえば c とりわけ d あるいは
カ a しかし b もちろん c たとえば d すなわち

□問3 ――部①「言葉には必ず事柄の抽象化ということが伴っています」とあるが、ここでいう「言葉」による「抽象化」の例として最も適当なものを次のうちから選び、記号で答えなさい。

ア 未来に向けてのさまざまな可能性を一つ一つ表現するのではなく、「期待」や「希望」という言葉で総合的に表現すること。
イ 複雑に絡み合って揺れ動く人それぞれの感情を、「悲しい」とか「寂しい」という言葉を用いてひとまとめに表現すること。
ウ 周りの土地よりも著しく盛り上がっている地形を、その高さに合わせて「山」とか「丘」と区別して呼んでいるということ。
エ 十七世紀から十八世紀にかけて活躍したバッハやヘンデルたちの作品を「バロック音楽」という言葉で定義して賞賛すること。
オ 「何億光年先の」と具体的にいうよりも「遥か彼方の」といった方が、宇宙の広がりを象徴的に表す言葉になるということ。

□問4 ――部②「純粋な形で取り出す」とはどうすることをいう

のか。本文の内容に即して十五字以内で答えなさい。

□問５　――部③「花を花として見、風の音を風の音として聞いている」とはどういうことをいうのか。最も適当なものを次のうちから選び、記号で答えなさい。

ア　「花が咲いている」「風がざわざわと吹く」という出来事に遭遇したとき、私たちの「純粋経験」の対象となるのは「花」や「風の音」といった言葉で表される以前の具体的事実だけだということ。

イ　「花が咲いている」「風がざわざわと吹く」という出来事に会ったとき、私たちは眼前の出来事の主体が「花」であり「風」であるということを過去の経験に照らして理解しているのだということ。

ウ　「花が咲いている」「風がざわざわと吹く」という現実を目にしたとき、私たちは目の前に咲く「花」や聞こえてくる「風の音」というものを紛れもない事実として受け止めているのだということ。

エ　「花が咲いている」「風がざわざわと吹く」という事実を言葉で表しているとき、私たちは無意識のうちに、言葉になる以前の「花」や「風」のもつ豊かさを保持しようとしているのだということ。

オ　「花が咲いている」「風がざわざわと吹く」という出来事に遭遇してそれを受け止めているとき、私たちは「花」とか「風の音」といった言葉によって目の前の現実を認識しているのだということ。

□問６　④にはどのような語句を入れたらよいか。最も適当なものを次のうちから選び、記号で答えなさい。

ア　言葉は、漠然とした思索に普遍的な定義を与えて共通理解を得るための手段である

イ　言葉は、思索の細部に一つずつ意味を与えながら思索全体の構築を担うものである

ウ　言葉は、意識された思索の内容に形を与えるための必要不可欠な要素の一つである

エ　言葉は、あらかじめ存在している思索の内容に一つ一つ形を与えていくものである

オ　言葉は、自らが考えた思索というものに一般的な価値を与えて表現する手段である

□問７　――部⑤「言葉によって世界の見え方が決まる」とはどういうことをいうのか。六十字以内で説明しなさい。

□問８　――部⑥「人間は二重の世界のなかに住んでいる」とはどのようなことをいうのか。五十字以内で説明しなさい。

□問９　筆者の主張に合致するものを次のうちから一つ選び、記号で答えなさい。

ア　「このバラは花が赤い」という事柄を言葉で言い表すと事柄それ自体がもっている豊かさを損なうことになってしまう

から、言葉になる以前の「純粋な」経験というものを大切にしなくてはならない。

イ　物体を言葉で表現することはできても感覚を表現することはできないように、言葉が表せるものには限界があって、どんなにたくさんの言葉を重ねても形を伴わないものを完全に表すことはできない。

ウ　私たちはこれまでに出会ったことがないような経験をすることがあるが、そのとき私たちの意識の中では、その経験をどのようなものとしてとらえたらよいかという言葉による分節化が行われている。

エ　世界を構成している水や土といったような言葉の枠組みはさまざまな言語のなかに存在しており、それが意味する範囲は同じではないが、分節化された世界に名前をつけるという働きでは変わりない。

オ　空の色を日本語で「青い」と表現し英語で"blue"と言うときは、それぞれの言葉が指している「空の色」は同じであるにもかかわらず、言葉の違いというものが全く異なった世界を現出させている。

二　次の文章を読んで、あとの各問いに答えなさい。

つい最近まで、人々は、自然を征服していくことのなかに、自然に対する人間の自由の［A］をみいだしてきた。自然に制約されることは、人間にとって不自由なことだと考えてきたのである。それは、この地球には、人間にとって都合のよい自然だけがあればよいと思っているのと同じであった。

この発想が幻想にすぎなかったと気づいたのは、ごく最近のことである。いまでは誰もが、人間にとって都合のよい面も悪い面もふくめて、自然は相互の関連性のなかに成り立っており、都合の悪い自然を消し去ろうとすれば、必然的に自然のハカイ[a]がすすむことを知っている。それに、自然を征服しようとした人間たちは、いつの間にか、人間がもっていたはずの自然性をも喪失し、[①]自然と共存する腕や「作法」をも失っていたことに、私たちは大きな衝撃を受けなければならなかった。

自然を征服し、自然のもたらす不便さを解消していくことが、人間の自由の発展ではなかった。むしろ、自然のもたらす不便さをも包みこみながら、人間と自然が共存していく知恵を働かせていくなかに、人間らしい文化も、自然と人間との自由なつきあいも生まれるのだということに、ようやく私たちは気づいたのである。

ところで、ここで注意しておかなければならないのは、次のようなことであろう。それは、自然の征服が自然に対する人間の自由への道であるという確信は、決して少数の人々の意見ではなく、つい最近までは、大多数の人々の合意だったという歴史的事実である。その点では、近代から現代への歴史をリードした自由主義者も、社会主義者も区別はなかった。実際、思想史上に、この面での例外者を探しだすのは、容易なことではない。とすると、誰もが、自然の征服を自由だと感じる幻想にとらわれていた、ということなのであろうか。

いうまでもなく、何を自由と感じるかには、人間の精神が介在する。つまり自由とは、客観的な事実ではなく、人間が生きていくうえで必要だと感じられるもの、それを［B］されるわけにはいかないと感じるものなのである。だから自由は、誰もがそれが自由だと感じているだけで、視点が変われば、自由という幻想にすぎなかったと思うようになる可能性は、つねに生じうると思わなければならない。

それは、自由について考えるときの、困難さのひとつでもあった。一体、何が本物の自由であり、何が自由の幻想なのか。しかも自然についての例がそうであったように、ここでは②多数派の意見はあてにならない。

一般に近代的な自由は、その影の部分に賃労働の問題を伴っていたといわれる。確かに近代初期の賃労働は、低賃金、長時間労働、監視された労働、非衛生的な工場、低年齢児童の就労といった、さまざまな問題を発生させていた。そして労働者は、市民的な自由を得るために、劣悪な条件で自分の労働力を売り渡し、仕事の自由を[b]ホウキしなければならなかった。多数の人々にとっては、近代的な個人の自由は、このような賃労働に従事しなければ、手に入らないものだったのである。

もっとも、ただ暗くえがいただけでは、当時の労働者の姿を正確にみることはできないだろう。なぜなら労働者もまた、さまざまな自衛手段を講じながら、日々の生活をつくりだしていたからである。

たとえば、マルクスに空想的社会主義者と批判され、自分自身は綿[c]ボウセキの工場経営者でもあったロバート・オーエンは、『自叙伝』のなかで、次のように[d]ソビョウしている。労働者は劣悪な条件下で、長時間、低賃金労働に従事してはいたが、つねに自分たちで労働の仕方をコントロールし、疲れないように、けっして全力で働くことはなかった。それればかりか、ときに生産物の半分ものものを、ひそかに工場の外にもちだし、売り払って山分けしてしまうことなどは、当たり前のことであった。条件が悪ければ、労働者もまたその条件下で知恵を働かせていたのである。

労働者は一方において、そのような消極的自衛策を講じ、他方では労働者同士が助け合う協同社会をつくることによって、積極的な自衛手段を打ち立てていた。しかし、だからといって、近代初期の賃労働が自由だということにはならない。だが彼らの不自由感は、必ずしも、低賃金や長時間労働というレベルでのみ、当時から語られていたのではなかったのである。

最大の不満は、自分の労働が働きがいを失っていくことにあった。それまでもっていた職人的な誇りを手放し、命ぜられるがままに働かなければならなくなったことは苦痛だった。だから彼らは賃労働を、近代的な奴隷労働と呼んだ。

そしてこのことは、なぜこのような労働がおこなわれるかを彼らに考えさせた。そのとき、個人と貨幣という問題が浮かびあがってきた。

たとえばそのことを、ドイツの思想家、モーゼス・ヘスにしたがって考えていってみよう。「われわれは……個人としての生存をたえず買いとっては自由を失っていく」。一八四四年に書いた論文のなかで、ヘスはこのように述べた。労働者は、生きるためには働かなければならない。そしてこの社会で働くことは、たえず自由を失うことであると。

ここでヘスが問題にしていたのは、資本主義社会は、「自由意志で自分を売らなければならない」社会だということであった。強制的に働かされ、自由を失うのではない。ここでは③自らすすんで自由を失っていくのであり、ここにこそ、近代における自由の喪失の本当の意味がある、とヘスは述べたのである。

彼によれば近代社会は、古代奴隷制の社会よりも、不自由な社会であった。なぜなら古代奴隷制のもとでは、奴隷たちは、強制され反発しながら奴隷の境遇を甘受（あ）しているけれど、近代社会では、人間が自発的に自由を失うのであり、しかもそれを不自由と感じないほどに、精神の自由を失っているからである。

なぜそうなってしまったのか。まずヘスは近代人が個人であることに、その原因を求める。人間たちがおたがいに結ばれ、協力しあいながら働き暮らしていくことができなくなって、近代人は孤立した個人になった。「孤立せる個人……ただそれだけの人間が真の人間とされ、……分離と個別化が生活と自由の本質」とみなされるようになった。「個は目的に引き上げられ」、すべてのものが個人の欲求のための手段になった。

そのとき、貨幣が「権力」になっていったのである。ヘスによれば、「ｅフヘン的ながらくた」にすぎないはずの貨幣の前に、人々は個人を守るために膝まずき、貨幣のために自らすすんで自由を失うようになったのだと。

ここに近代初期の労働者たちが問題にした、賃労働のもとでの人間性の喪失があった。

近代社会がつくりだした自由という思想は、今日私たちが思っているほど完全なものではなかった。誰もが自由をのぞみながら、思想家たちは、近代的自由の不完全さを認めざるをえなかったのである。

その原因は、近代的な自由が、個人を主体にしているところにあった。［ i ］、誰も個人の自由を否定してはいなかった。［ ii ］自由の主体を個人に置くとき、その個人は頼りなく、いかにも脆（もろ）いものにみえたのである。

個人の自由は、つねに個人の利己主義に転ずる可能性をもっていた。そればかりか、自分の生活を守るために、しばしば個人は自由を犠牲にするという弱さをもっている。自由は何よりも尊いものだと述べながら、自分を守るためには自由な発言を慎む。[iii]、ラスキが述べたように、日常の生活に追われる個人は、自由を考える勇気さえ手放すことがある。

そしてもっと困ったことには、自由について真剣に考えている人でさえ、何ものにもとらわれない精神を働かせて自由を語っているのか、それともその時代の精神の習慣が生みだした、つくられた自由の観念にしばられて、それを自由だと思いこんでいるだけなのかが、はっきりしないのである。

この最後の問題ほど、近代形成期の思想家たちを悩ましたものはなかった。ドイツの思想家、マックス・シュティルナーがいらだっていたものも、このことのなかにあった。シュティルナーは、十八世紀中葉に書かれた『唯一者とその所有』のなかで、「全世界が自由を求めており、万人が自由の王国をあこがれている」と書いた。そして、次のように問いかけた。「君は一体何から自由になりたいのか」。君たちが求めている自由は、「自己決定からの、自己自身からの自由」にすぎないのではないかと。

平穏な市民であろうとする人間にとっては、自由な精神をもちつづけるのは、恐ろしいことでもある。自由に考え、自由に判断することは、社会常識のなかで孤立することかもしれない。その結果、精神的な迫害にもあうかもしれない。その可能性を無意識のうちに感じるとき、人々はその結果もたらされるであろう恐ろしさから、意識せずに逃れようとする。ここに、自由の主体である個人の弱さがある。とすると近代的な個人とは、自由な自己を捨てて生きる自由を、求めているだけなのかもしれない。

だからシュティルナーは、「君は自由の衣に包まれた不自由人である」と述べた。彼によれば、近代社会は、人間を「神聖化」されたものにする。その神聖化された個人が、「自由の市民」であり、「国家の公民」、「自由あるいは真の人間」と呼ばれている。それらはすべて、近代社会によってつくられた人間像である。そして、このつくられた人間像に自分を合わせていくのが、近代的個人の生き方になっていると彼は述べた。

この④ジレンマから、人間は自由にならなければならない。そういう気持ちをこめて、シュティルナーは、「あらゆる自由は本質的に——自己解放である」と書いた。

近代的個人は、つくられた自由に迎合(い)することによって、精神の「奴隷」になっている。それは、自分自身のために利得を求める者が、「利得の奴隷」になるようなものである。こうしてシュティルナーは、つくられた人間像から自分を解放する必要性を説いた。

人間は「その時代の固着観念」に支配されている。ところが、そのことに気付かずに、「その時代の固着観念」にしたがって、自由を語っているだけなのかもしれない。こうして生まれたものが「自由の市民」だとするなら、近代人たちは、精神の「従順な下僕」にすぎない。そしてこのような近代人たちの秩序が、近代国家だったのではないかと彼は書いた。

このようなシュティルナーの気持ちは、近代初期の多くの思想家たちに共通するものでもあった。そしてそれは、彼らのジレンマでもあったのである。

（内山節「自由論――自然と人間のゆらぎの中で」による）

□問１ ――部①とはどのようなことか。次のうちから一つ選び、記号で答えなさい。

ア 自然を守っていくための知恵や心構え
イ 自然を生活に活かすための技術や指針
ウ 自然の中で生きるための構想や図式
エ 自然とうまく関わるための工夫や姿勢

□問２ ――部②のようにいうのはなぜか。次のうちから一つ選び、記号で答えなさい。

ア 多数決という手法は民主主義の基本ともいうべき考え方なので、安易に変更するわけにはいかないから。
イ 社会の多くの人に信じられていることは、たとえ誤っていてもそのまま受け入れられてしまうものだから。
ウ 多数派というものは本来不見識なものであり、流れが変わると簡単に意見を変えてしまう傾向にあるから。
エ 少数派のほうが多数派よりも自身の考えに強い信念を抱いており、信頼できる場面が多く見られるから。

□問３ ――部③はなぜか。次のうちから一つ選び、記号で答えなさい。

ア 自分の生活を成り立たせるために、何よりも働くことを優先しようとするから。
イ 大きな組織に属することによって、自分で考えたり判断したりしなくてよくなるから。
ウ いったん自由を失うものの、権力を得れば再び自由を行使できるようになるから。
エ 束縛されることに慣れすぎると、いつしか自由の価値がわからなくなってしまうから。

□問４ ――部④とあるが、一般に「ジレンマ」を表すことわざはどれか。次のうちから一つ選び、記号で答えなさい。

ア 能ある鷹は爪を隠す
イ 二兎を追うものは一兎をも得ず
ウ 井の中の蛙大海を知らず
エ ふぐは食いたし命は惜しし

□問５ 本文でいうところの、近代人の「不自由さ」にあてはまるものはどれか。次のうちから一つ選び、記号で答えなさい。

ア 翌日の話題の中心になりたいので、特に興味のないテレビ番組を視る。

イ　時間に追われる毎日のせいで、一人になってゆっくりと自分を見直す時間が取れない。

ウ　昔から守られてきた校則を、状況が変わってもそのまま変えずに用い続けている。

エ　美しい自然を保つためには、人工的に手を入れ続けなければならない。

□問６　A・Bに入る語はどれか。次のうちからそれぞれ選び、記号で答えなさい。

□A　ア　真価　イ　効用　ウ　確立　エ　限界

□B　ア　抑圧　イ　分断　ウ　搾取　エ　批判

問７　〰〰部あ・いの語の意味はどれか。次のうちからそれぞれ選び、記号で答えなさい。

□あ　甘受

ア　喜んで受け入れること

イ　知らずに受け入れること

ウ　とりあえず受け入れること

エ　仕方なく受け入れること

□い　迎合

ア　自分の考えと相手の考えの妥協点を見つけること

イ　納得したように見せかけて相手に譲歩を促すこと

ウ　相手からの申し出をありがたく受けること

エ　自分の意見を抑え相手の気に入るようにすること

□問８　i〜iiiに入る語はどれか。次のうちからそれぞれ選び、記号で答えなさい。

ア　しかも　イ　しかし　ウ　たとえば

エ　つまり　オ　もちろん

□問９　本文の内容に合うものはどれか。次のうちから一つ選び、記号で答えなさい。

ア　近代人も前近代人も、低賃金労働の前には同じように「精神の奴隷」といえる。

イ　近代思想家の論争の焦点は、人々が自由を求めているか否かというところにあった。

ウ　平穏な市民であろうとする意識は、近代人が自由な精神を持つことを妨げている。

エ　労働者とは、どのような状況におかれても様々な自衛手段を講じるものである。

オ　秩序ある近代国家は、国民が自由な政治思想を持つ権利を保証してきた。

□問10　‖部a〜eのカタカナを漢字に直しなさい。

三 次のⅠ・Ⅱの漢文を読んで、あとの各問いに答えなさい。

Ⅰ 非(あら)ザレバ二其ノ道一ニ、則チ一簞(たん)ノ食*モ不(ず)レ可(べ)カラレ受ク*二於人一ヨリ。

（「孟子」）

〈注〉 一簞食――竹筒に入ったご飯で、わずかな物のたとえ。
於――置き字（読まない字）。

〔現代語訳〕 道理に合わないものは、いかにわずかなものでも人から受けてはならない。

□問1 右の漢文の――部を書き下し文（漢字・仮名交じり文）に改めなさい。

□問2 右の漢文の内容と異なる意味を表す四字熟語を次のうちから一つ選び、記号で答えなさい。

ア 公明正大　イ 首尾一貫
ウ 諸行無常　エ 徹頭徹尾

Ⅱ 人之(の)為シテレ道ヲ而*遠キハレ人ニ、不可カラ以(も)ッテ為ス道ト。

（「中庸」）

〈注〉 而――置き字（読まない字）。

〔書き下し文〕 人の道を為して人に遠きは、以って道と為すべからず。

□問1 上の漢文の――部に書き下し文を参考にして返り点を付けなさい。（読み仮名・送り仮名は不要）

四 次の文の――部を漢字に直しなさい。

□ 1 アイセキの念に堪えない。

□ 2 企業がジゼン事業を行う。

□ 3 彼女のガイハクな知識に驚く。

□ 4 タイヤのマモウが激しい。

□ 5 乳シボりを体験する。

70

第5回

出題の分類

一 論説文　二 小説
三 古文

※特別な指示がない限り、句読点や記号も一字とする。

▼解答・解説はP.136

時　間：50分
目標点数：80点

1回目	／100
2回目	／100
3回目	／100

一 次の文章を読んで、あとの各問いに答えなさい。

イ ことばは、それだけではけっして万能ではない。表現の不十分な部分を、先方の想像で補ってもらわなければ、正確に伝わらないケースも多い。その意味で、一般にコミュニケーションは送り手と受け手との共同作業なのだが、サッシ[1]の文化といわれる日本語では、特にそういう傾向が強い。かつてノーベル賞を受けた【　Ⅰ　】は、「美しい日本の私」と題し海外で記念講演をおこなった。「美しい」が「日本」にかかるのか、それとも「私」にかかるのか、曖昧な表現として一時ちょっとした話題になった。もし「美しい日本の女性」という言い方であれば、「美しい」が「日本」にかかる確率が四割、「女性」にかかると考える人が六割といった曖昧さが生ずるかもしれないが、このタイトルで、「美しい私」という意味だと考える日本人はほとんどいない。特別の意図がないかぎり、自分を自分で褒めるのは【　Ⅱ　】がないからだ。

ロ その【　Ⅰ　】の『伊豆の踊子』の主人公「私」が、伊豆の旅を終えて、下田から東京へ船で帰る、その踊子との別れの場面に、「①私が縄梯子（なわばしご）に捉（つか）まろうとして振り返った時、さよならを言おうとしたが、それも止（よ）して、もう一ぺんただうなずいて見せた」という文が出てくる。意地悪くこの一文だけを取り出して、うなずいたのは誰かと問うと、声になっていないことばがわかるのは当人だけだと判断するのか、「私」と答える留学生が多かったという。それが最近は日本人でさえそう思い込む人が増えたらしく、②それをもって日本語の曖昧さの典型的な例と説く風潮があると聞いては、黙っているわけにいかない。

ハ 小説では、別れが近づくにつれて踊子は無口になり、「私」が話しかけても黙ってうなずくだけに変化したことを描いている。それに、このあたり一帯は、すべて「私」が見た光景やタイショウ[2]が描かれている。さらに、この文の直前に「踊子はやはり唇をきっと閉じたまま一方を見つめていた」とある。これだけで、「さよならを言おうとした」のも、「うなずいて見せた」のも、踊子であることは明らかだ。

ニ それでも、文脈をわざと切り離し、あえて問題の一文だけを読ませる、この**A**意に満ちた実験で、被験者は、「言おうとした」、つまり、まだ声となって発音されていないことばを「さよなら」

と特定できるのは当人だけだという素朴な思い込みから、「言おうとした」のも、「うなずいて見せた」のも、ともに「私」だと考えてしまう。

ホ　しかし、③それが踊子であるという状況証拠は、不当に切り取られた文脈の中にそろっている。さらに、この一文の中にも、物的証拠が二つある。はしけ*で遠ざかったこの距離で、込み入った話などできるわけがない。それに、「さよなら■」であれば、「さよなら」ということばを発しようとしたことになりそうだが、ここは「さよならを」とある。仮に小さな子供に「おばちゃんに、さよならを言ってらっしゃい」とうながして、子供がもし「バイバイ」と言ったとしても、親は別にとがめないだろう。　1　、「さよならを言う」というのは、別れの挨拶をするという意味なのだ。これがその一つ。

ヘ　もう一つは「私が」とあることだ。もし最後まで同じ人間の行為であれば、まともな日本語では「私は」と書くはずなのだ。そこを「私が」としたのは、「時」のあとに別の主体を想定しているからである。別の主体となれば、文脈上「踊子」しか考えられない。

ト　要するに、表現は文の中にあり、文は文章の中にある。文脈からわかることをくだくだしく書かないのが、冗長な表現を嫌う日本語の文章の骨法なのだ。そんなわかりきったところに、くどく「踊子は」などという主語を書くことを、【　Ⅰ　】の美意識は許さなかったのだろう。　2　、これを曖昧な表現とされたのでは、作者にとってとんだ濡（ぬ）れ B と言わないわけにはいかない。そして、これが曖昧だとされるのは日本語のヒゲキ[3]である。

帝国ホテルに執筆中の吉行淳之介*を訪ねたことは前にもふれたが、その折、吉行作品『原色の街』に登場する「魚谷」と書く人物を話題にしようとして一瞬考えた。これが手紙であれば漢字でそう書いておけば済むが、対話だから声に出して読まなければならない。「サカナヤ」ではないと思うものの、その珍しい苗字の読み方がはっきりしない。そこで、やむなく作者に「ウオタニと言うんですか、ウオヤと読むんですか」と問うと、書いた当人がしばらく考え込んでから、「僕は目に頼る人間でね。今言われて、④どっちのつもりで書いたのかわかんないんだね。どっちがいいだろうねってぐらいになっちゃうわけだ。ウオタニぐらいでしょうね」という意外な反応が返ってきた。

それに関連して、「ご自分の作品が朗読されることを考えますか」と、執筆時の音感意識を問うと、即座に「考えないんですね」と全面的に打ち消し、「それで、時々ギョッとすることがあるんですよ」と、この作家はその縁で、【　Ⅰ　】の小説『雪国』の冒頭文「国境の長いトンネルを抜けると雪国であった」の「国境」をどう読むかという話題に転じて、「わりにみんなアンチョク[4]にコッキョーになっちゃう」けれども、あんなところに「コッキョーはあるわけないんだから」、「あれはクニザカイじゃあるまいか」と言い、「あれはどっち読んでるんですか」と質問を向けてきた。

　とっさに、意味としてはクニザカイのほうが自然だが、あまり考えずにコッキョーと読んでいる人が多い旨伝えたものの、この問題はいささか複雑である。一般には長い間コッキョーと読んで疑わないできたが、ある雑誌の座談会で、出席者の一人がクニザカイと読むべきだと発言した際に、同席していた作者の【 I 】自身が否定しなかったという事実から、クニザカイ説が力を得て広まった、そんないきさつがあるらしい。ところが、後日、日本文体論学会で、『雪国』の表現をテーマにしたシンポジウムの司会を[5]ツトめた機会に、パネリストの一人であった【 I 】の養子にあたる人物にその話をしたところ、【 I 】ははっきり物を言うような人ではないから、否定しなかったからといって肯定したことにはけっしてならないと教えられた。結局、問題は何ひとつ解決したわけではない。

「小扇(こおうぎ)」と題する*津村信夫(つむらのぶお)の短い詩には「指呼すれば、国境はひとすじの白い流れ。／高原を走る夏期電車の窓で、／貴女(あなた)は小さな扇をひらいた。」とあり、リズムの面でもこの「国境」は[C]読みしたくなる。それに、日本国内にコッキョーは存在しないとも断言しがたく、[上州(じょうしゅう)]と越後(えちご)との国ざかいを意味する「上越国境(じょうえつ)」という[C]読みの用語もあるようだ。問題の小説『雪国』の文中にも「国境の山々」という表現が[6]サンザイするが、多くの場合、どちらに読んでも特に違和感はない。

　吉行の話の焦点は、「あれなんかも、【 I 】さん意識して書いたかどうか」ということにある。作家のなかには、読者がどう発音するかということをほとんど意識せずに文字を書くタイプがあり、自分だけではなく【 I 】もそうだったのではないかと、目の作家、耳の作家という[7]ジロンを[8]テンカイしたのだろう。

　小説『雪国』の冒頭文は、日本語の特徴がよくあらわれているとして話題になることもある。日本人はごく自然な感じで何の抵抗もなく読んでいるが、そのまま英語に訳せないらしい。「トンネルを抜け」たのは誰か、何が「雪国であった」のか、どちらの主体も表面に顔を出していない。必要がないかぎり、いわゆる主語にあたるものが[9]メイジされないのは、自然発生的なあり方を好む日本人の表現特徴と深く関連する。

　英訳では原文にない「【 III 】」を主語に据え、【 III 】がトンネルを抜けて雪国に入ったという解釈を持ち込む。だが、そうなると、その【 III 】を外から眺めている感じに変わり、日本人の読者は作品世界にしっくりと入り込めない。作中の眼はそんな⑤全貌を俯瞰(ふかん)する位置にはない。車中にある島村という人物の感覚でものをとらえているようにも読める。[3]、それまで雪ひとつなかった上州からトンネルを抜けて越後に入った瞬間、闇の底に一面の銀世界がひろがっているのに驚く。「雪国」という語にそういう感動が映っているのだ。

ムイ[10]徒労の現実の生活のいとなまれるこちら側の世界と、駒子や葉子の住む向こう側の世界――長いトンネルの手前と先とを、此岸と[D]岸、この世とあの世になぞらえる深読みがある。そう読んでもおかしくないほど、なにやら意味ありげな姿で立つ一文である。

（中村明「日本の一文　30選」岩波新書による。
出題のために一部を省略し、表記を改めた箇所がある）

〈注〉はしけ――停泊中の大型船と陸との間を往復して旅客や貨物を運ぶ小舟。はしけぶね。
吉行淳之介――小説家。大正十三年生まれ、平成六年没。小説『驟雨（しゅうう）』で芥川賞を受賞。他に小説『夕暮れまで』など。
津村信夫――詩人。明治四十二年生まれ、昭和十九年没。著作に、詩集『父のゐる庭』、散文集『戸隠の絵本』など。

□問１　――部①に見られる日本語表現の特徴を、筆者の論旨にもとづいて、三十字以内で述べなさい。

□問２　――部②が指す内容を、解答欄の「ということ。」に続くように、二十字以内で答えなさい。

□問３　――部③について説明している段落を、段落[イ]～[ト]のうちから選び、記号で答えなさい。

□問４　――部④のようになるのはなぜか。その理由にあたる部分を、解答欄の「書いたから。」に続くように、本文中から二十五字で抜き出し、その初めと終わりの五字をそれぞれ答えなさい。

□問５　――部⑤とほぼ同じ意味のことを述べている部分を、本文中から八字で抜き出しなさい。

□問６　【　Ⅰ　】にあてはまる人物の氏名を漢字で書きなさい。

□問７　【　Ⅱ　】にあてはまる語として最もふさわしいものを、次のうちから選び、記号で答えなさい。

ア　おもしろみ　　イ　けなげさ
ウ　たしなみ　　エ　いさぎよさ

□問８　【　Ⅲ　】にあてはまる漢字二字の語を書きなさい。

□問９　[A]～[D]にあてはまる漢字一字をそれぞれ書きなさい。

□問10　■にあてはまる助詞をひらがな一字で書きなさい。

□問11　[1]・[2]・[3]にあてはまる語句として最もふさわしいものを次のうちからそれぞれ選び、記号で答えなさい。

ア　つまり　　イ　いずれにせよ
ウ　ややもすれば　　エ　あるいは
オ　なぜなら　　カ　にもかかわらず
キ　だからこそ　　ク　むしろ

□問12　[上州]は現在の何県にあたるか。県名を漢字で書きなさい。

□問13　――１～10のカタカナを漢字に直しなさい。

二 次の文章を読んで、あとの各問いに答えなさい。

〈これまでのあらすじ〉
「私」は妹の「志賀子」から「母」の死の知らせを受けた。生前、「母」は歩くことは不自由なく夜中に家中を徘徊し、「私」の住む東京に連れて来てからも懐中電灯を持って他の部屋に入ってくるような事件を何度も起こしていた。

郷里の志賀子の話では、このところ母の深夜の徘徊は以前ほどではなくなり、一晩に二回も三回も起き出すようなことはめったになく、起き出しても一回であるということであった。そして時には全然起き出して来ないこともあった。そういう夜は志賀子の方が起き出して行って、母の寝室を覗かなければならず、どちらにしてもたいへんなのと、志賀子は言った。

東京へ来てからの第二夜も第三夜も、母は他の部屋を歩き廻ることはなかった。深夜眼覚めても、芳子を起して、トイレに行くだけであった。芳子に言わせると、母は前と同じように深夜ふらふら歩き廻りたいらしいが、どこを歩いていいか見当がつかなくなっているのではないかということであった。この前の時に較べると、それだけ母の体力は衰えていた。どこでも構わないから歩き廻るという烈しさはなくなっていた。

母が東京へ来て四、五日した頃、

「もしかしたら、おばあちゃんは[1]カンキンでもされていると思っているんじゃないかしら、それで歩き廻ることを諦めてしまっているのかも知れない」

芳子は新しい見解を陳(の)べた。母はその前夜、夜半トイレに行った帰りに、次男の寝室の前に立って、その扉の[2]把手に手をかけたが、たまたま内側から鍵がかけられてあって、扉は開かなかった。すると母は、その扉を［ X ］とでも錯覚したのか。もうどこへも出しては貰えないのねと、ひとり言のように芳子に[3]囁いたということであった。

「わたし、たいして気にしていなかったけど、おばあちゃんは時々、同じようなことをしていると思うの。そしてその度に、自分は閉じ込められてしまっていると思うんじゃないかしら」

芳子は言った。私は母に夜毎そういう錯覚を持たせることは痛ましい気がしたが、しかし、それで母が［ Y ］なら、その点は我慢して貰わなくてはなるまいと思った。

昼間の母はこの前の滞在の時と同じように、日に何回となく郷里の家に帰ることを主張したが、その主張の仕方には何となくエネルギーが感じられなかった。思い出しては、帰る帰ると言ったが、いつも居間の畳の上に坐っての主張であって、めったに玄関の土間にまで降り立って行くようなことはなかった。ここにも母の体力の衰えが感じられ、体力の衰えと共に、老耄(ろうもう)もまたその迫力を失っているかのように見受けられた。時に怒りの感情を露わに顔に出したり、口に出したりすることはあったが、大抵の場合、自尊心を傷つけられたと思われる場合であった。ただその自尊心の実体がはっきりしなかったので、その点周囲の者は取扱いが[4]ヤッカイであった。言い聞かしても、説明しても解らなかった。しかし、そういう時、私には、母が祖父の許で我儘に育った驕慢な幼女としていま生きているということがよく判った。おばあちゃんの分らず屋！　誰かが言うと、母は両手をきちんと膝の上にのせている姿勢で、いかにも[A]相手を蔑むような表情で顔をつんと横に向けた。そういうところは五歳の私の孫娘に似ていた。

まあ、この程度のことはあったが、このくらいの母なら一ヵ月でも、二ヵ月でも、さして苦労なしに預かることができるのではないかと、私たちは話し合った。例年七月の初めに軽井沢の山荘を開けることになっていたが、今年はそこへ母を連れて行けないものでもないと、私も思い、美津も思った。あるいは軽井沢に移したら、何年か前の軽井沢生活の時とは違って、母は案外軽井沢の落葉松（からまつ）に取り巻かれた静かな山荘の生活を楽しむのではないかと、二人の息子たちも言った。芳子だけが反対した。

「考えてごらんなさい。この前だってたいへんだったでしょう。あの時に較べると、おばあちゃんの耄碌（もうろく）はもっとずっと進んでいるのよ。静かでいいとか、涼しくていいとか思うものですか。そうした感情はすっかりなくなっているの。わたしたちが思いも寄らぬことをおばあちゃんは考えたり、感じたりして生きているんだから」

芳子が言うと、他の者は黙らざるを得なかった。母を主になって世話をしているのは芳子であり、現在の母を、少くとも夜の母を一番よく知っているのは芳子であったからである。

実際にまた母を軽井沢に連れて行くのは、考えてみれば無理な話であった。問題は往復の乗りものであった。列車で連れて行くことは、駅の雑踏などを眼に浮かべると、母の弱った神経には耐え難いことに思われたし、くるまでの四、五時間のドライブもまた母の衰えた肉体には[5]カコクであるに違いなかった。

一週間、十日と、母の東京滞在は予想外にうまく運んでいた。[B]母が本能の青い焔（ほのお）のゆらめきに烈しく身を任せないだけでも、郷里の家に居るよりは寧ろ母にとってはいいことではないかという気がした。母は子供を探し廻る狂乱の若い母親にもならなければ、母親の姿を追い求める哀れな子供にもならなかった。しかし、考えてみるとそれは母にそうした衝動がないということではなかった。深夜ふらふら歩き廻りたくても歩き廻ることができないだけの話であって、そう思うと、母にはまた[C]別種の哀れさが感じられた。居間の隅に口数少く坐っている母の姿には、いくら母親を探し廻っても、ついに見付けることができないで諦めてしまった幼女の哀れさもあれば、同じようにわが子を探し廻って、ついに諦める以外仕方なくなってしまった若い母親の哀れさもあった。私には母の顔は、そうした孤独な子供の顔にも見えれば、孤独な母親の顔にも見えた。子供の顔にも、母親の顔にも見えた。子供にすれば子供の顔に見え、母親にすれば母親の顔に見えた。

　東京へ来てから半月ほど経った頃、私は母を書斎に迎えて、芝生の庭に面した縁側の椅子に向かい合って坐ったことがあった。遅い朝食をすませたあとで、十時を少し廻った時刻であった。私は仕事にはいる前の短い時間を、母と一緒にお茶を飲んで過そうと思ったのである。[D]芳子が母に薄い煎茶を、私に濃い煎茶を運んで来た。私がお茶の茶碗を取り上げた時、それまですぐそこに見えている私の仕事机の方に視線を投げていた母が、ふいに、

「この間までそこで毎日書きものをしていた人は亡くなりましたね」

　と言った。そこで書きものをしていた人というのは私以外の人物であろう筈はなかった。

「いつ亡くなったの？」

　私は母の顔に[E]眼を当てたままで訊いた。母はちょっと考え深そうな表情を見せていたが、幾らか自信のなさそうな言い方で、

「亡くなってから三日になりますか、多分今日は三日目でしょう」

　と言った。私は自分が亡くなって三日目になるという自分の書斎を見渡した。部屋は手をつけられないほど乱雑を極めていた。書棚にはやたらに書物が詰め込まれてあり、畳の上にも幾つかの書物の山ができていて、そのあるものは崩れたり、崩れかかったりしている。そしてその書物の山と山との間には旅行鞄が二つ、段ボールの箱が三つ、それから分散しないように紐で結んである幾つかの資料の束などが置かれてあった。資料の束は自分のものもあれば、人から借りたものもあった。それから窓際の棚にも書類やら紙袋やら雑誌などが、これも乱雑に積み重ねられてあり、私と母が椅子に腰掛けている廊下もまた雑多なもので手がつけられない状態になっていた。これで自分が亡くなっては、遺族の者は後片付けにさぞたいへんだろうな、と私は思った。

　私の眼はそうしたところを順々に嘗（な）め廻してから、まだ仕事机の上で留まった。机の上も乱雑になっているが、まだ仕事に取りかかっていないので、半分ほど何も置かれていない場所ができていて、そこだけがいやにさっぱりした感じに整頓されてあった。手伝いの小母（おば）さんが上に載っていたものを片隅に押しのけ、そこだけに布巾をかけたのである。そしてそのこざっぱりした空地[6]には、まだ一本のスイガラ[7]もはいってない灰皿が二個、インキ壺[8]と並んで置かれてあった。私は[F]多少の感慨を以て、その前に坐る人のなくなった机の上を眺めた。

「三日目か」

　私が声に出して言うと、

「ね、まだ多勢の人が見えているでしょう」

　母は言った。

「なるほどね」

　私は言った。そして、なるほど主人が亡くなって三日目の騒が

しさが、いまこの家の内部を占めていると思った。隣りの応接間では美津が銀行の人らしい二、三人の客と話していて、その声が聞えており、居間の方には、声こそ聞えなかったが、ゆうべから泊っている美津の妹の家族四人が外出の支度[9]をしている筈であった。そしてそのシンセキ[10]の家族を迎えに来ているもう一組の若い夫婦者も居た。また庭の隅の方では車庫のシャッターの破損を直しに来ている建築会社の若い社員二人が、手伝いの小母さんと立話をしている。この方は書斎の縁側の椅子に腰を降ろしている私の視野の中にもはいっている。

この時ふと、母はいま状況感覚の中に生きているのではないかという、そんな思いが私を捉えた。状況感覚というような言葉があるかどうか知らなかったし、またそうした言葉が適当かどうか知らなかったが、いまここには、母にこの家の主人が亡くなって三日目であるということを思わせる幾つかの感覚的データがあると思った。私の仕事机は、そこに坐る人が坐らなくなって三日経ったぐらいの整頓さを見せていたし、家には主人が亡くなって丁度三日目ぐらいはかくあろうかと思われるくらいの人の出入りがあった。まだこの他に、私には気付かれないが、母は同じようなデータを幾つか拾っているかも知れなかった。そしてそうしたデータによって、母は自分だけの世界を造り上げ、そのドラマの中に生き始めているのではないか。少くとも、いま母は主人が亡くなって三日目のこの家に生きているのである。悲しむこともできるし、喪に服することもできる。自分自身の造り上げたドラマの中で、母はいかなる役割をも受持つことができるのである。

このように考えると、母の老耄の世界は、[G]急に私にはこれまでとは少し異ったものに見えて来た。母は朝食を摂って何ほども経たないのに、やがて夕方がやって来ると思い込むこともあったし、その反対に夕方を朝と取り違えたりすることもあった。しかし、朝であろうと、夕方であろうと、母に感覚的に朝と感じさせるものがあるとすれば、それは母にとっては朝なのであり、夕方と受取らせるものがあるとすれば、それは母にとっては夕方である以外仕方ないものであった。

私は母と向かい合ってお茶を飲んでいたが、私は母に、おばあちゃん、えらいことを始めたね、こんどは本当に自分だけの世界を生き始めたんだね、そんな言葉をかけてやりたい気持になっていた。確かに他の誰にも通用しない自分だけの世界であった。母が自分の感覚で、現実の一部を切り取り、それを再編成した世界であった。

しかし、母に言わせれば、そんなことは今に始まったことではなくて、ずっと前から自分はそのようにして生きていると言うかも知れなかった。夕方を朝と間違えたり、朝を夕方と取り違えたりするのは、何年も前からのことであったからである。

（井上靖「雪の面」による）

□問1　井上靖は一九〇七年生まれである。世代が最も遠い作家を次のうちから一人選び、記号で答えなさい。

ア　芥川龍之介　　イ　太宰治

ウ　夏目漱石　　エ　三島由紀夫

□問2　井上靖の代表作を次のうちから一つ選び、記号で答えなさい。

ア　あすなろ物語　　イ　潮騒　　ウ　トロッコ

エ　走れメロス　　オ　吾輩は猫である

□問3　═部1〜10のカタカナは漢字で、漢字は読みをひらがなで書きなさい。

□問4　芳子から見た「私」「母」「美津」「志賀子」の親族呼称を漢字で書きなさい。

□問5　空欄X・Yに入る言葉を考えて、十字以内で書きなさい。

□問6　──部Aについて、「相手を蔑むような」と同じような意味で使われている語を同じ段落から抜き出しなさい。また、──部Eについて、「眼を当てた」に込められた感情を考えて、「眼を当てた」を「目」を用いた慣用句で表しなさい。

□問7　──部Bについて、「本能の青い焔のゆらめき」を芳子はどのように捉えているか。芳子の言った言葉の中から十五字以内で抜き出して答えなさい。

□問8　──部C「別種の哀れさ」は、これまでの「哀れさ」とどのように違うと作者は考えているのか。次はその説明文である。空欄a〜dにあてはまる語をあとからそれぞれ選び、記号で答えなさい。ただし、同じ語は二度使えない。

> これまでの哀れさは［a］対象を烈しく［b］哀れさであるのに対して、［c］対象を諦めた後の［d］に直面した哀れさであると考えている。

ア　追い求める　　イ　孤独　　ウ　最期

エ　探すべき　　オ　存在しない　　カ　存在する

キ　見放すべき　　ク　老耄

□問9　──部Dについて、なぜ芳子は「母」に「薄い煎茶」を、「私」に「濃い煎茶」を運んできたのか。その理由を考えて五十字以内で書きなさい。

□問10　──部Fについて、「多少の感慨」とはどのような「感慨」か。三十五字以内で説明しなさい。

□問11　──部G「急に私にはこれまでとは少し異ったものに見えて来た」とあるが、それはどういうことか。「自尊心」という語を用いて、八十字以内で分かりやすく説明しなさい。

三　次の文章を読んで、あとの各問いに答えなさい。

われ、その能(ア)ありと思へども、人々に*ゆるされ、世にA所置(ところお)かるるほどの身ならずして、人のしわざも、ほめむとせむことをも、いささか用意(イ)すべきものなり。

*三河守知房(みかわのかみともふさ)*所詠の歌を、*伊家弁(これいへのべん)、感歎(かんたん)して、「優(いう)によみ給へり。」といひけるを、知房、腹立(ふくりふ)して、「*詩を作ることはかたきにあらず。和歌のかたは、すこぶるかれに劣れり。これによりて、Bかくのごとくいはるる。もつとも*奇怪(きつくわい)なり。C今よりのち、和歌をよむべからず。」といひけり。

優の詞(ことば)も、ことによりて*斟酌(しんしやく)すべきにや。

これはまされるが、1申しほむるをだに、かくと2がめけり。いはむや劣らむ身にて褒美(ほうび)、なかなか、Dかたはらいたかるべし。よく心得て、*心操(しんさう)をもてしづむべきなり。

人の善をもいふべからず。いはむや、その悪をや。

このこころ、もつとも*神妙(しんべう)か。

（「十訓抄」による）

〈注〉ゆるされ――認められて。
三河守知房――藤原知房。平安時代の役人。
所詠――～の詠んだ。
伊家弁――藤原伊家。平安時代の歌人。
詩――漢詩。
奇怪なり――我慢できないことだ。
斟酌――あれこれと加減すること。
心操――心構え。
神妙――深い趣。

問1　〰〰部ア「能」・イ「用意」の意味として最も適切なものを次のうちからそれぞれ選び、番号で答えなさい。

□ ア　能

①　褒美を授ける財力　②　世を生き抜く気力
③　歴史を解する知力　④　技芸に関する実力
⑤　人を観察する眼力

□ イ　用意

①　実行する　②　考察する　③　心遣いする
④　気後れする　⑤　明らかにする

□ 問2　══部1「申しほむる」・2「とがめ」という動作は誰の行為か。その組み合わせとして最も適切なものを次のうちから選び、番号で答えなさい。

①　1　知房　2　伊家弁
②　1　人々　2　知房
③　1　知房　2　人々
④　1　伊家弁　2　筆者
⑤　1　伊家弁　2　知房

□ 問3　――部Aについて、「所置く」と同じ意味を表す慣用句として、次の空欄にあてはまる最も適切な漢字一字を答えなさい。

一□置く

□問4 ――部B「かくのごとく」が指す内容として最も適切なものを次のうちから選び、番号で答えなさい。

① 素晴らしく和歌をお詠みになった。
② 人々から認められる立場になった。
③ 漢詩を作るのはそれほど難しくない。
④ 和歌を詠む力がたいそう劣っている。
⑤ 心情をよくくみとらなければならない。

□問5 ――部C「今よりのち、和歌をよむべからず。」とあるが、ここでの知房の思いはどのようなものか。その説明として最も適切なものを次のうちから選び、番号で答えなさい。

① 知房は、伊家弁より漢詩を作る力量は上だと思っているため、今後和歌など詠む必要はないということ。
② 知房は、伊家弁が自分の和歌の力量を見下していると思ったため、今後和歌を詠むつもりはないということ。
③ 知房は、伊家弁に自分の和歌の力量を見透かされたため、今後和歌を詠んではいけないと思ったということ。
④ 知房は、伊家弁の和歌の力量がはるかに上であることに遠慮して、今後は和歌を詠むまいと思ったということ。
⑤ 知房は、伊家弁と漢詩と和歌の力量について口論になり、今後は和歌で打ち負かしてやろうと思ったということ。

□問6 ――部D「かたはらいたかるべし。」の解釈として最も適切なものを次のうちから選び、番号で答えなさい。

① 自らを誇れるような思いがするだろう。
② 苦笑されるような思いがするだろう。
③ 心がはずむような思いがするだろう。
④ 損をしたような思いがするだろう。
⑤ 身の縮むような思いがするだろう。

□問7 本文の内容と合致しているものを次のうちから一つ選び、番号で答えなさい。

① 力量の劣る人は簡単に人をほめることがあるので、人の善いところも悪いところも真に受けてはいけない。
② 力量の勝る人が批評するのは当然のことなのだから、人の悪いところはむしろ積極的に指摘すべきである。
③ 力量の勝る人に評価されると思い上がってしまうので、人の善いところを口にする際は注意が必要である。
④ 力量の勝る人がほめるのでさえ難しいのだから、人の善いところも悪いところも安易に口にしてはいけない。
⑤ 力量の劣る人が他人の欠点を批判すると逆恨みされかねないので、人の善いところだけを口にすべきである。

70

第6回

出題の分類

一 論説文　二 小説
三 古文

※特別な指示がない限り、句読点や記号も一字とする。

▼解答・解説は P.141

時　間：50分
目標点数：80点

1回目	／100
2回目	／100
3回目	／100

一 次の文章を読んで、あとの各問いに答えなさい。

利休が晩年に言い残した、

A「私が死ぬと茶は廃れる」

という言葉を見たときにはドキリとした。

利休はいったい何を言おうとしたのか。

文献によっては、

「今後十年もすれば茶は廃れる」

という言葉になっている。いずれにしろ私たちからすると、茶の湯がⓐ勃興した桃山時代にあって、いよいよこれからと想像するが、ざっぷりと冷水をかけられたみたいだ。

察するところ、すでにこの時代から茶の湯が形式としてだけ固まっていく風潮があったようなのである。利休はそれを嘆いているのだ。茶の湯を好む人がふえるにつれて、師匠も多くなったが、規則ばかりを細かくいいたてて、世俗の義理に堕落し、ちょっとした作法の無知をあざけるようになり果てたという。そんな利休の言葉が残されている。

しかし先に挙げた、

「私が死ぬと……」

の言葉になると、嘆きだけではないような気がする。嘆いているというよりは、もっと攻撃的なメッセージが伝わってくる。

はじめてこれを見たときには、何と傲慢な言葉だろうと思った。茶は利休だけで持っているのかと、とくに同時代の茶人は思うのではないか。しかし利休によってこそ茶が究められていったことは確かなことで、それはしかも言葉では間に合わぬほどの微細な意味をつないで究められていった。言葉以外に受容器をもたぬ人には、当面受け取りようのないことなのである。

誤解されるすれすれのところを言葉が横切る。

つまり直感の世界のことだ。直感とは言葉の論理を追い抜く感覚にほかならない。言葉を追い抜くし、言葉をすり抜ける。言葉の論理からはあるかなきかの、あるといえばそれはまやかしではないかと思えるほどの危ういものである。しかしあてずっぽうではなく、それはあくまで言葉の延長上にあることはあるのである。

ある基本的な感覚基盤をもった集合があって、その上でのほんのわずかな変化によってメッセージが飛び交う。それが直感の世界でのやりとりである。それを分析的に言葉に置き換えていくことは、長い時間を待てばできなくはない。しかしその言葉の分析を積み重ねた末に直感に至る、ということはないのである。つまり閃(ひらめ)きは、言葉で追うことはできても、閃きを言葉が追い抜くことはできない。言葉にとっては、ほとんど幻想世界だ。つまり言葉の届かぬ先で意味の沸騰している世界である。微細な意味が、その沸点の上で小さなダンスをしている。それが直感的世界の断面図である。それは後からの言葉ではなく、その沸点の上に身を置いたときにだけ感応できる。

そこでやっと、先の利休の言葉が身をもってわかる。この茶の湯の沸点における意味のダンスをこそ踊るべきだと利休は言うのだろう。それが絶えれば、沸点を下がったところの言葉の論理が、あとをなぞりはじめる。人々はそれをなぞることだけに精を出しはじめる。茶の湯はそれをなぞることだけで固められて、沸点の上でのダンスは遂(つい)に消え去り、そのまま廃れる。

つまり言葉で拾ったものだけをなぞる間に、茶の湯は形式だけのものになってしまったということだろう。これは非常に危険なことで、直感と言葉の間の落(おと)し穴みたいなものだ。本人は形式に堕するつもりはなく、とにかく見えている言葉の論理を伝って、その師とする人の位置に近づこうとするのだけど、近づけば近づくほど精気が失(う)せていく。つまりその師とする人の感覚基盤がないところで、**B**結局は形式の抜け殻となるのである。

例を引いた方がいいだろう。このような例はいくらでもある。私の場合、*パウル・クレーの落し穴に堕(お)ちたことがあるのだ。はじめてクレーの絵を見たとき、楽しげで、しかもドキリとするものがあり、たちまち真似(まね)したくなった。その真似はごく簡単なことに思えたのだが、やってみるとどうにも真似られない。模写ならその通りに描けばいい。しかし真似するというのは、自分なりの絵をクレーの描き方で描くのである。クレーの絵の中にある、いわばクレーの文体のようなものを掬(すく)い取(と)って、それを自分の絵に当てはめていけばいいのである。ところがそれが出来ない。クレーの絵を真似たつもりが、ただの模様となってしまうのだ。絵にならない。何度描き直しても模様になってしまう。クレーの絵は一見すると模様みたいに見えるのだが、微妙なところで絵なのである。その微妙な、わずかな落差のところが掬い取れない。それがどうしてなのかわからない。

ちょっとぞっとしたことを覚えている。クレーは危険な画家だと思った。その絵に共鳴して近づこうとする画家にとって危険なのだ。

そのようにして、利休も危険な存在ではないかと思うのである。絵画ならまだしも、文学ならまだしも、音楽ならまだしも、茶の湯というのはそれ自体がどこといってつかみどころのないものである。そのつかみどころのなさを究めていったのが利休だから、それを師として近づくのは非常に危険なことである。それを知って近づくならまだしも、そのことに無知のまま、そして利休と同じ感覚基盤を持たぬままに近づいていくと、一歩一歩近づくことが形式をなぞることになり、ついに近づいたと思って気がつけば、自分がからくり人形のような形骸と化している。利休自身がそれを見て嘆いているのだ。

利休はそのような危険についてⓑケイコクを発している。伝え残されている教訓的な言葉では、人と同じことをなぞるな、ということをよく言っている。つまり新しいことをやれ、自分だからこそのことをやれ、ということである。つまり芸術の本来の姿、前衛芸術への煽動（せんどう）である。そのような、人のあとをなぞらず、繰り返さず、常に新しく、一回性の輝きを求めていく作業を、別の言葉では「X」ともいうわけである。

そのような利休の精神を正しく引き継いだのが古田織部（おりべ）*であろう。利休門弟の中の武将グループ「利休七哲」の一人で、利休亡きあと、秀吉につづいて徳川家康の茶頭*となっている。そして最後は利休と同じく切腹までしている。

織部焼が有名だ。はじめ一点二点と見ているときは、そのモダンさに驚きながらも、やや作意が目につきすぎていた。しかしあるとき織部焼だけ一冊に集めた大判の写真集を見ていて、その世界に流れている力に圧倒されたのを覚えている。

利休とは明らかに違うのである。長次郎*の茶碗（ちゃわん）などに見る利休の造形が無口なのに対して、織部は雄弁である。おしゃべりなほどの造形である。しかしそれは、利休が利休としてやれなかったことを、次の世代の織部が引き受けて思い切り遊んでいる、というふうに感じられる。

利休のものはつねに無作為を意識している。歪（ゆが）んだ茶碗も、歪んでしまったものを美として取り入れている。作為的にすることをつねに戒めている。

織部はむしろ力を入れて、茶碗をぐいとねじ曲げている。無作為の歪みではなく、はっきりと歪ませているのだ。そのことの手法だけでいえば、織部は利休の教えに背いていることになる。だけど<u>織部は利休的精神の芯のところを受けついでいる</u>。無作為を手法として守って、利休と同じことをしていれば、それは利休的精神をますます離れていくことになるだろう。そうではなくて、織部は織部でなくてはならない。そして織部は茶碗をぐいぐいと歪ませていったのである。

同じことをなぞるなというのは、時代は動いているということの教えでもある。たとえば灰色の時代に赤い茶碗を作る。それはⓒコウイッテンとして輝いている。しかし時代が赤くなったときになお赤い茶碗を作っても、それにはもう赤い茶碗の輝きはない。形は同じものでもその価値は別のものになっている。

織部焼の躍動するような茶碗を見ながら、そのことを強く感じた。それは利休と隣接した時代でありながらも、戦国の世が秀吉とともに終（お）わり、家康の管理社会へと切り変（かわ）る、ちょうどその変り目のところに位置しているのだ。人がバッタバッタと死んでいく時代に、利休の沈黙こそが強い表現としてあったように、同じく利休の無作為な、虚飾を剥ぎ落したような質朴な茶碗こそが強い表現としてあったのである。そして戦乱の後の平穏へと向かう時代を迎えて、こんどは織部の茶碗が力を持てあましたようにうねりはじめる。太平の世への苛立(いらだ)ちとして見えるほどだ。

おそらく利休もこのような造形を心のどこかで夢見ていたのではないかと思う。しかし夢は夢で、人はみな自分の時代を生きなければならない。草庵(そうあん)を究極の二畳にまで押し縮め、一輪*だけの朝顔のように息をつめてきた利休にとっては、自分のあとに織部が生きていることのしあわせがあったと思う。

新しいものは、それが優れていればいるほど一般化する速度が早い。そして形式となり、それを破ってまた新しいものが生まれ(うま)る。そうやって前衛はいつも形式化を逃れながら先を急ぎ、形式の世界はまた貪欲にその後を追いかけていく。

お茶にしてもお花にしても、お稽古事といわれるもの一般が同じ構造を生きている。D <u>そこにある形式美に身を潜めることの快感があるのである。</u>そうではない、本来の侘*(わ)び茶というものは形式美ではなく、それを崩すことにあるのだ、それを打ち破って新しい気持(きもち)のひらめきを見出(みいだ)すことにあるのだ、とマラソンの先頭ランナーがⓓトいたとしても、それは後方集団では何のリアリティももたないのである。私たちはこれでいいの。決められた形が上手に出来ることが嬉(うれ)しいわけ。あなたは早く前に戻って、先頭を走りなさいよ、となってしまうところが、前衛の悲哀というものかもしれない。

前衛としてある表現の輝きは、常に一回限りのものである。世の中の形式の固まりを壊してあらわれ、あらわれたものは、そのあらわれたことでエネルギーを使い果たす。その前衛をみんなで何度も、というのはどだいムリな話なのである。みんなで、といったときにはもう脱(ぬ)け殻(がら)となっている。そもそもが前衛とは、みんなに対する犯罪的存在なのである。すでにある固まったものを壊してこそあらわれてくる。その瞬間に、世の形式を倒す毒素として、一瞬の悪役としてあらわれるのだ。

しかしいまの世の中は、そこのところをⓔ履き違えることになった。一回性をもって特権的に許される瞬間の悪、その前衛の民主化である。前衛をみんなで、何度も、という弛緩(しかん)した状態が、戦後民主主義による温室効果となってあらわれている。自由と平等という、いわば戦後民主主義の教育勅語が、ふたたび私たちの頭脳を空洞化している。目の前の問題がもつれた末に、自由と平等というこの世の綱領が出てくると、あとはひれ伏す以外になくなっている。その自由と平等をめぐる判断停止の結果、前衛のスタイルだけが浮遊している。一瞬の悪役が、慢性的に赤信号を渡っている。前衛はたしかに体制の毒素としてあらわれたが、その関係が転倒して、毒でさえあれば前衛のような、要するに悪ぶることが新しいような、卑しい技術だけが蔓延（まんえん）している。犯罪をスタイルとしてかぶるうちに、それが脱げなくなって、犯罪のからくり人形があらわれてきた。

（赤瀬川原平「千利休　無言の前衛」による）

〈注〉パウル・クレー——二十世紀のスイスの画家、美術理論家。

古田織部——戦国時代から江戸時代初期にかけての大名、武将、茶人。

茶頭——貴人に仕えて茶事をつかさどった、茶の湯の師匠。

長次郎の茶碗——楽焼の始祖である長次郎が焼いた、侘び茶のための茶碗。

一輪だけの朝顔——千利休が豊臣秀吉を招いた茶会で、庭の朝顔をすべて切り落とし、茶室に一輪だけ朝顔を飾っていたという故事。

侘び茶——茶の湯の一様式。千利休が完成させた、簡素簡略の境地すなわち「わび」の精神を重んじたもの。

□問1　══部ⓐ〜ⓔのカタカナは漢字に直し、漢字は読みをひらがなで書きなさい。

□問2　——部A「『私が死ぬと茶は廃れる』」とあるが、筆者はこの言葉をどのように受けとめたか。その説明として最も適切なものを次のうちから一つ選び、記号で答えなさい。

ア　利休だけが茶の道を求めたわけでもないのに勘違いしていると納得できなかったが、茶は利休によって言葉も所作も独自のものへと究められていったという自負がこのように言わせたのだ、と受けとめた。

イ　利休だけが茶の道を真剣に考えていたとはいえうぬぼれていると感じたが、利休には表しようのなかった茶の形式美を発展させていくであろう弟子たちを世俗から守るためにあえて言い放った、と受けとめた。

ウ　利休だけが茶の道を切り拓（ひら）いたわけでもないのに驕（おご）っていると感じたが、自分が死ぬと茶の言葉と所作が定められていった経緯が現実味をもって伝えられなくなることを嘆くと同時に驚いて言い放った、と受けとめた。

エ　利休だけが茶の道を成したわけでもないのに思い上がっていると納得できなかったが、茶の湯の堕落を嘆くとともに、自分が死ぬと言葉では言い尽くせないエネルギーが失われると直感して言い放った、と受けとめた。

オ　利休だけが茶の道を究めようとしたとはいえ言い過ぎだと感じたが、利休には切り拓けなかった茶の奥深さを言葉にしていく人たちがいても、時代の制約のために利休が認めなかったということもありえる、と受けとめた。

□問3　——部B「結局は形式の抜け殻となるのである」とあるが、それはどういうことか、その説明として最も適切なものを次のうちから選び、記号で答えなさい。

ア　何事も自分で理解することが重要なので、師と同じ感覚基盤を持とうと形式を真似ていくのだが、近づいたと思えるようになった時には、師とは全く異なる形式が生まれているということ。

イ　細かい変化に動じたりせずに、見えている言葉の論理を頼りにして師とする人の立ち位置に近づこうとすればするほど、いつしか本質からは遠のき、自らを守るのは形式だけになっているということ。

ウ　師と同じ感覚基盤を持たないままに言葉の論理を伝って近づこうとすると、それはただ形式をなぞることになり、ついに近づいたと思って気がつけば、自分らしさを失った形式だけになっているということ。

エ　その道に無知であることは気にせずに、師と同じ所作を身につけるために教えの言葉を胸に刻もうとするうちに、学べば学ぶほど師と同じ感覚基盤を手にすることができるという錯覚に陥っているということ。

オ　師に教わったことを常に自らの言葉に置き換えて新しいことを始めようとすれば、師に一歩一歩近づくことになり、それを繰り返すことでいつしか師と同じ形式美を身につけられると信じているということ。

□問４　空欄 X にあてはまる語として最も適切なものを、次のうちから選び、記号で答えなさい。

ア　一意専心　　イ　一期一会　　ウ　一朝一夕
エ　一所懸命　　オ　一日千秋

□問５　――部Ｃ「織部は利休的精神の芯のところを受けついでいる」とあるが、それはどういうことか。その説明として最も適切なものを次のうちから選び、記号で答えなさい。

ア　作為や無作為にこだわる必要はなく、利休の残した言葉を批評していくことこそが真の芸術につながっているということ。

イ　利休のように無作為であろうとし続けることは、結果として作為的にならざるを得なくなることに結びついてくるということ。

ウ　自らの手法として作為的であり続けることが、他の誰もがやらない新しいことをしている点で利休の教えに通じているということ。

エ　作為的でなければ新しい時代を切り拓くことはできないが、それでも利休のような形式美を追求する点で利休の考えに合致しているということ。

オ　利休が無作為であったのは戦国時代ゆえであり、作為や無作為は時代に応じて変えるべきだという点で利休の教えにかなっているということ。

□問６　――部Ｄ「そこにある形式美に身を潜めることの快感があるのである」とあるが、それはどういうことか。その説明として最も適切なものを次のうちから選び、記号で答えなさい。

ア　お稽古事では、師と同じことができれば生きている実感が得られるが、その既成のものから新しい気持のひらめきを見出せれば、さらなる喜びになるということ。

イ　お稽古事が同じ構造をもっている以上、形式美にこそ現実味があり、形式を破る危険もなく、決められた形をうまく再現することによって、喜びを得られるということ。

ウ　たとえお稽古事が同じ構造をもっているとしても、形式美を打ち破ることで生きている現実味を感じ、どんな苦境でも前のめりでいることに喜びを感じられるということ。

エ　前衛はいつも形式化を逃れながら先を急ぎ、形式の世界は貪欲にその後を追いかけていき、一度形式を破るとその後は前衛となることができるので、満足であるということ。

オ　新しいものは優れているほど一般化する速度が速いのだから、焦って形式を破ろうとはせず、努力もせずにただ待っていれば、自分たちも同じ構造で生きることになるので嬉しいということ。

□問7　――部E「犯罪のからくり人形があらわれてきた」とあるが、それはどういうことか。その説明として最も適切なものを次のうちから選び、記号で答えなさい。

ア　悪役である前衛の慢性化に自覚がないままに近づいていくと、一歩一歩近づいていくことがそのスタイルを身につけることになり、ついに近づいたと思って気がついた時には、いつしか自分が前衛そのものを生み出しているということ。

イ　前衛とは一回性をもって特権的に許される瞬間の悪としてあらわれるもので、その民主化つまり悪役の慢性化は、形式願望の表れともいえるが、そこにあえて身を委ねようとする人間は民主主義を学んだ世代にはそれほど多くはないということ。

ウ　前衛と同じ感覚基盤を持たないままに前衛に近づいていくと、一歩一歩近づくことが形式をなぞっていくことになるが、何も持たない人間でいるよりは、むしろ自ら進んで前衛のスタイルを真似する方がましだという人間が増えているということ。

エ　体制と、それに対する毒素としてあらわれた前衛との関係が転倒し、毒でさえあれば前衛であるかのような風潮が起こったといえるが、自由と平等に慣れた世代には一つのスタイルとして定着し誰もが身につけたがるようになってきたということ。

オ　前衛とは一回性をもって特権的に許される瞬間の悪ともいえるが、前衛を皆で何度もやるという弛緩した状況は、悪ぶることを新しいことだとする風潮を生み、かえって前衛的なものを形式化させた中で満足するだけの人間を生み出しているということ。

二 次の文章は志賀直哉の小説「焚火(たきび)」の一節である。主人公夫妻(自分と妻)は、赤城山の旅館に滞在しており、この日の晩は旅館の主人Kさん、画家のSさんと四人で、山頂にある湖・大沼で舟に乗り、湖畔で焚火をしながら話をしている。これを読んで、あとの各問いに答えなさい。

「じゃあ、この山には何(なん)にも可恐(こわ)いものはいないのね」と臆病な妻はKさんに□を押した。するとKさんは、

「奥さん。私大入道を見た事がありますよ」といって笑い出した。

「知ってますよ」と妻も得意そうにいった。「霧に自分の影が映るんでしょう?」妻はそれを朝早く、鳥居峠に雲海(うんかい)を見に行った時に経験した。

「いいえ、あれじゃあ、ないんです」

子供の頃、前橋へ行った夜の帰り、小暮(こぐれ)から二里ほど来た大きい松林の中でそういうものを見た、という話だ。*一町位先でぼんやりその辺(へん)が明るくなると、その中に*一丈以上の大きな黒いものが立ったという。しかし、[a]暫くして、大きな荷を背負った人が路傍(みちばた)に休んでいたので、その人が歩きながら煙草(たばこ)を飲むために荷の向(むこ)うで時々マッチを擦ったのだという事が知れたという話である。

「不思議なんて大概そんなものだね」とSさんがいった。

「でも不思議はやっぱりあるように思いますわ」と妻はいった。

「①そういう不思議はどうか知らないけど、夢のお告げとかそういう事はあるように思いますわ」

「それはまた別ですね」とSさんもいった。そして急に憶(おも)い出したように、「そら、Kさん、去年君が雪で困った時の話なんか、②そういう不思議だね。まだ聴きませんか?」と自分の方を[b]顧みた。

「③いいえ」

「あれは本統(ほんとう)に変でしたね」とKさんもいった。こういう話だ。

去年、山にはもう雪が二、三尺も積(つも)った頃、東京にいる姉さんの病気が悪いという知らせでKさんは急に山を下って行った。

しかし姉さんの病気は思ったほどではなかった。三晩泊(とま)って帰って来たが、水沼に着いたのが三時頃で、山へは翌日登る心算(つもり)だったが、[c]僅か三里を一ト晩泊って行く気もしなくなって、Kさんは予定を変えて、しかしもし登れそうもなければ山の下まで行って泊めてもらうつもりで、水沼を出た。

そして丁度日暮(ひぐれ)に二の鳥居の近くまで来てしまったが、身体(からだ)も気持(きもち)も余りに平気だった。それに月もある。Kさんは登る事に決めた。しかしそれから登るに従って、雪は段々深くなった。Kさんが山を下りた時とは倍位になっていた。それでも人通りのある所なら、深いなりに表面が固まるから、さほど困難はないが、全(まる)で人通りがないので軟(やわら)かい雪に腰位まで入る。その上、一面の雪で何処(どこ)が路(みち)かよく知れないから、いくら子供から山に育って慣れ切ったKさんでも、段々にまいって来た。

月明(あか)りに鳥居峠は直(す)ぐ上に見えている。夏はこの辺はこんもりとした森だが、冬で葉がないから上が直ぐ近くに見えている。そ

の上、雪も距離を近く見せた。今更引き返す気もしないので、蟻の這うように登って行くが、手の届きそうな距離が実に容易でなかった。もし引き返すとしても、幸い通った跡を間違わず行ければまだいいとして、それを外れたら困難は同じ事だ。上を見ると、④何しろ其処だ。

Kさんは、もう一ト息、もう一ト息と登った。別に恐怖も不安も感じなかった。しかし何だか気持が少しぼんやりして来た事は感じた。

「後で考えると、本統は危なかったんですよ。雪で死ぬ人は大概そうなってそのまま眠ってしまうんです。眠ったまま、死んでしまうんです」

よくそれを知りながら、不思議にKさんはその時少しも⑤そういう不安に襲われなかった。そして、ともかく、気持を張った。何しろ身体がいい。それに雪には慣れていた。到頭それから二時間余りかかって、d漸く峠の上まで漕ぎつけた。

雪の深さは一層増さった。しかしこれからはちょっと、下りになる。下ればずっと平地だ。時計を見ると、もう一時過ぎていた。

遠くの方に提灯が二つ見えた。今時分、とKさんは不思議に思った。しかしとにかく一人きりのところに人と会うのは擦れ違いにしろ嬉しかった。Kさんはまた元気を振い起して、下りて行った。そして、*覚満淵の辺でそれらの人々と出会った。それはUさんという、Kさんの義理の兄さんと、その頃Kさんの家に泊っていた氷切りの人夫三人とだった。

「お帰りなさい。大変でしたろう?」とUさんがいった。

Kさんは「今時分何処へ行くんですか?」と訊いた。

「今、お母さんに起されて迎いに来たんですよ」とUさんは何の不思議もなさそうに答えた。⑥Kさんは慄っとした。

「私がその日帰る事は知らしても何にもなかったんです。後で聴くと、お母さんがみいちゃん(Kさんの上の子供)を抱いて寝ていると、――別に眠っていたようでもないんですが、不意にUさんを起して、Kが帰って来たから迎いに行って下さいといったんだそうです。Kが呼んでいるからっていうんだそうです。あんまり明瞭しているんで、Uさんも不思議とも思わず、人夫を起して支度させて出て来たというんですが、よく聴いて見ると、それが丁度私が一番弱って、気持が少しぼんやりして来た時なんです。山では早く寝ますからね、七時か八時に寝て、丁度皆ぐっすりと寝込んだ時なんです。それを⑦四人も起して、出して寄越すんですから、お母さんのはよほど明瞭聴いたに違いないのです」

「Kさんは呼んだの?」と妻が訊いた。

「いいえ。峠の向うじゃあ、いくら呼んだって聴えませんもの」

「そうね」と妻はいった。⑧妻は涙ぐんでいた。

「そんな気がした位ではなかなか、夜中に皆を起して、腰の上まで埋まる雪の中を出してやれるものではないんです。それは*巻脚絆の巻き方が一つ悪くても、一度解けたら、凍って棒になってしまいますから、とても、もう巻けないんです。だから支度が随分厄介なんです。支度にどうしても二十分やそこらかかるんですよ。その間お母さんは、ちっとも疑わずにおむすびを作ったり、火を焚きつけたりしていたんです」

Kさんとお母さんの関係を知っているとこの話は一層感じが深かった。よくは知らないが、似ているので皆が*イプセンと呼んでいたKさんの亡くなったお父さんは別に悪い人ではないらしかったが、少くとも良人としては余りよくなかった。平常は前橋辺に若い*妾と住んでいて、夏になるとそれを連れて山へ来て、山での収入を取上げて行ったそうだ。Kさんはお父さんのそういうやり方に心から不快を感じて、よく衝突をしたという事だ。そしてこんな事がKさんを一層お母さん想いにし、お母さんを一層Kさん想いにさせたのだ。

（志賀直哉「小僧の神様」岩波文庫による。
設問の都合上、送り仮名を一部改めた）

〈注〉一町――距離の単位。約一〇九メートル。
一丈――長さを表す単位。一丈は一〇尺で、約三・〇三メートル。
覚満淵――赤城山の山頂近くにある湿原。
巻脚絆――足首からひざ下まで、脚を巻き上げる小幅の長い布。
イプセン――イプセン。ノルウェーの劇作家。
妾――正妻のほかに、妻と同じような関係を結びながら扶養する女性。

□問1　――部①はどういう不思議のことか。本文中の五字以内の語で答えなさい。

□問2　――部②はどういう不思議のことか。本文中の五字以内の語で答えなさい。

問3　――部③は誰の、どういう意味の返事か。誰の返事か・どういう意味の返事かについて、それぞれ記号で答えなさい。

□誰の　ア　Kさんの　イ　Sさんの　ウ　自分の　エ　妻の　オ　Uさんの

□意味　ア　話していません　イ　話しました　ウ　聴いていません　エ　聴きました　オ　そうは思いません

□問4　――部④は何が「其処だ」というのか。本文中の語で答えなさい。

□問5　――部⑤はどういう不安か。解答欄の「不安」に続くように、本文中の十二字を抜き出して答えなさい。

□問6　――部⑥で、なぜKさんは「慄っとした」のか。その理由を五十字以内で説明しなさい。

□問7　――部⑦「四人」が誰々であるかを説明している一文を探し、その文の、初めと終わりの五字をそれぞれ抜き出しなさい。

□問8　――部⑧で、妻が「涙ぐん」だ理由を六十字以内で説明しなさい。

□問9　□にあてはまる漢字一字を書きなさい。

□問10　次のうちから志賀直哉の作品を二つ選び、記号で答えなさい。
ア「暗夜行路」　イ「阿部一族」　ウ「河童」
エ「和解」　オ「或る女」　カ「たけくらべ」
キ「友情」　ク「三四郎」

□問11　━━部a〜dの漢字の読みをひらがなで書きなさい。

三　次の文章は、『しみのすみか物語』の一部である。これを読んで、あとの各問いに答えなさい。なお、出題に際して、本文には表記を一部変えたところがある。

*丹後国に、*しれたる男ありけり。*浦島が子の事を伝へ聞きて、「我も、いかで*竜宮に行きて見ん」とて、常に浜面に出でて、さまよひあるきける。亀の臥し居るを見て、「是や、竜宮の案内か」とて、甲の上に乗りつつ見けるが、肥え太り、したたかなる男なりければ、亀は*おしに打たれて、ひしげ死にけるも多かりき。されど、こりずまに、海辺に出でて、さまよひ歩きける。ある日、艶やかなる女出来て、「我は、竜宮の使なり。いざ給へ」といへば、嬉しくて、「如何にして行かまし。*目無籠やある」と問へば、女、忽ち大なる亀となりて、沖の方をさして歩むを、「心得つ」とて、やがて乗りて行きけり。さて、竜宮に至りて、竜王の御前に参りて、「我は、いみじき武士にて侍り。*三上山に住める蜈蚣なりとも、易く射落して参らせむ。又、*海人が乳の下に隠せる玉など、取返さん事は、事にもあらず侍り」など、様々誇らしき事を列べて、ことよくいへども、竜王、唯、「*むむ」と笑ひてのみおはさうす。聞きしには様変りて、珍らかなる設だになければ、1すさまじなど思ひて、退きて一間なる方に出でぬ。さて、*女童の過ぐるを呼びて、「乙姫君は」といへば、「此頃重き*御悩みにて、引籠らせ在しぬ」と答ふ。「我は、婿にならむとて、来つるを、さては効なし」など思ひ居り。やをら歩みて、外の方に出づれば、門のあたりに、海月と云ふ物居て、云ひけるは、「*わぬしの肝をとりて、乙姫君の御薬にすなりといふ事聞きつ」と云ふ。「さは我を*猿と思ひ違へるなめり」と、そぞろに2恐しうて、「如何にもして、逃げて出でなまし。さもあらばあれ、玉の箱といふ物、盗みて、取持ちいかまし」と思ひて、其夜忍び入りて、辛うじて、玉の箱盗み出しつ。さて、*築土を越えて出でけるが、素より海辺に生立ちて、*かづきする業は、よく練じたりければ、浪かきわけつつ、漸うもとの浜辺に、帰り出でたりける。

浦の者共見て、「いかで帰り来給へる。人に聞けば、鰹釣に、鯛釣にとは、云ひ侍れど、七日迄見え給はざれば、安からぬ事と、とりどり申しき。まづ手に持ち給へるものは、何ぞ」と問ふ。「是、竜宮にて取り得て来たる、玉の箱といふものなり。いみじき宝なり」と云へば、「さぞ侍らむ」と打見て、「竜宮の物ならば、光り輝きなむを、是はいと古代なる物と見えて、縁なども欠け損じ、漆も所々剥げ落ちて見ゆるなり。されど、様ある物にこそ」といふ。此男、箱をあまたたび押戴きて、「いで、開きて、人々にも拝ませてん。そこら光り輝くべければ、ようせずは、眼眩き(まなこくるめ)なむ其心せよ」とて、結びたる紐(ひも)解きて、「さは、開くぞ」とて、あけつれば、いささかの光だに見えず。ほろほろと、こぼれて落つる物あり。よりて見れば、古き藁沓(わらぐつ)、*平足駄(ひらあしだ)、足袋(たび)、*うらなし等の、破れ綻(ほころ)びたるが、*ここら入れてありけり。人々、「さてさて」といひて、嘲(あざ)み驚きて、あきたる口をふさぐ者もなし。

此男の、3怪(け)しからぬ事思付(おもひつ)きぬるを、早う4狐(きつね)の知りて、憎がり、かう化(ばか)したりけるとぞ、浦の者共は言ひける。

物羨(うらや)みせんは、よしなき事にこそ。

〈注〉丹後国――現在の京都府北部。

しれたる――愚かな。

浦島が子――浦島太郎。

竜宮――伝説の世界で、竜王が統治する水中の宮殿。竜宮城。乙姫はこの話では竜王の娘。

おしに打たれて、ひしげ死にける――押しつぶされて、ひしゃげて死んでしまったこと。

目無籠――舟の一種。

三上山に住める蜈蚣――近江国(現在の滋賀県)にある三上山に山を七回り半する大むかでが住んでいたという伝説による。

海人が乳の下に隠せる玉――竜神に奪われた宝玉を海女(あま)が取り戻したという伝説による。

むむ――含み笑いをしたときに発する語。

女童――召し使いの少女。

御悩み――ご病気。

わぬし――お前。

猿――猿の肝は病気を治す妙薬とされていた。

築土――土塀。

かづきする業――潜水の技術。

平足駄――下駄。

うらなし――はきものの一種。

ここら――たくさん。

□問1 ――部1「すさまじなど思ひて」とあるが、男が「がっかりした」のはなぜか。その説明として最も適当なものを次のうちから選び、記号で答えなさい。

ア 竜宮城には自分の実力を試せる相手もおらず、うわさに聞いていたのとは違って、大きなもうけ話もなかったから。

イ 宝の詰まった箱はなかなか見つからず、うわさに聞いていたのとは違って、竜宮城も立派な造りではなかったから。

ウ 乙姫の姿を見ることはできたが、うわさに聞いていたのとは違って、絶世の美女というわけでもなかったから。

エ 竜王は自分に多少の関心を示したが、うわさに聞いていたのとは違って、手厚いもてなしを受けることもなかったから。

オ 乙姫の心を奪う手段も思いつかず、うわさに聞いていたのとは違って、たくさんの亀を見られることもなかったから。

□問2 ――部2「恐しうて」とあるが、男が恐ろしくなったのはなぜか。その理由を四十字以内で説明しなさい。

□問3 ――部3「怪しからぬ事」とあるが、男が考えていた「よからぬこと」とはどのようなことか。その説明として最も適当なものを次のうちから選び、記号で答えなさい。

ア 浦島太郎のように竜宮城へ行き、竜王に代わって竜宮城に君臨しようと考えたこと。

イ 竜宮城へ行き浦島太郎になりすまして宝を奪い、金持ちになってみんなに自慢しようと考えたこと。

ウ 浦島太郎にならって竜宮城へ行き、自分が乙姫の婿におさまってやろうと考えたこと。

エ 浦島太郎の子孫と偽って海月を味方に付け、誰にも気づかれずに竜宮城から脱出しようと考えたこと。

オ 乙姫の病気を治して竜王から信頼を得て、浦島太郎よりも有名になろうと考えたこと。

□問4 ――部4「狐の知りて、憎がり、かう化したりける」とあるが、狐が男を化かしている部分はどこから始まるのか。その部分の最初の一文を探し、はじめの五字を本文中から抜き出して答えなさい。

問5 本文の内容に合致するものには○を、合致しないものには×を書きなさい。

□ア 竜宮城に行きたくてしかたがない男は、浦島太郎をまねて亀に乗ったが、重すぎて何匹も殺してしまった。

□イ 男は竜宮城への案内人という女に出会い、女が呼んだ大きな亀に乗って竜宮城へ行くことができた。

□ウ 男にすっかり失望した海月は、男の命が危ないとだまして、竜宮城から追い払った。

□エ 竜宮城の宝の箱を盗み出した男は、海辺で育って泳ぎが得意だったので帰ってくることができた。

□オ 男が竜宮城から持ち出した宝は、海辺の人々が言葉をなくすほどすばらしいものだった。

第7回

出題の分類

一 論説文　二 小説　三 古文

※特別な指示がない限り、句読点や記号も一字とする。

▼解答・解説はP.145

時間：50分
目標点数：80点

1回目	／100
2回目	／100
3回目	／100

一 次の文章を読んで、あとの各問いに答えなさい。なお、文章中の〔＝　〕は出題者による注である。

コンピュータが、人類を超える日。

このことに、人々が怯(おび)えるようになったのはいつからだろう。「2001年宇宙の旅」のHAL〔＝1968年の映画「2001年宇宙の旅」に登場する人工知能を備えたコンピュータ。宇宙船上で船員を殺害する。〕のせい？

私は、34年前から、人工知能のエンジニアとして生きてきた。その私の周辺には、いつもこの問いがあったような気がする。

――[1]人工知能がヒトの知性を超える日が来るのだろうか。

ただ、私はいつも、質問に質問で返した。

「では、あなたの言う、ヒトの知性ってなに？」

新しいデータをすばやく覚え、それを正確に再現できる、「覚えられる、忘れない」、その能力で言ったら、1980年代のコンピュータだって、既にヒトの能力をはるかに超えていた。

膨大なネット情報のフリーキーワード検索ができるようになってからは、気になるデータが瞬時に引っ張り出せるようになった。何かの対応に困ったとき、どんぴしゃの、あるいは類似の事例を検索して、なんらかの対応策を練る。この使い方ができるようになってからのコンピュータは、「覚えられる、忘れない、問題解決の元ネタを提供できる」に変わった。やがて、これに「デザインや音楽が、[a]ジザイに編集できる」が加わった。はっきり言って、今のコンピュータは、できないスタッフよりはるかに使える。

じゃ、人々が怯える「コンピュータが人類を超える瞬間」ってどこなの？

私は、いつでも、そっちのほうが聞きたかった。

息子が12歳のときだった。

彼に「あなたに会えて、本当によかった。私の息子は、あなたでしか、ありえなかった」としみじみ伝えたことがあった。

彼は、嬉(うれ)しそうに微笑(ほほえ)んだ後、「でもなぜ？」と質問してきた。

「運動ができるわけでもない、成績がいいわけでもない、おかたづけもできない。なのに、なぜ?」

「そんなことに、嬉しそうになぜ? と聞いてくるからよ」と、私は笑った。「誰もがナットク[b]する正解を、誰よりも正確に、誰よりも速く出してくる、聞き分けのいい優等生が欲しかったら、私は人工知能で作るからいい。そんなのは、人工知能が得意なことだもの。いつも、予想をはるかに超えてはみ出すきみに、わくわくする」

それは、人工知能エンジニアの母親としての、素直な感想だった。

ヒトの尊厳は「優等生である」場所にはない。なぜなら、そんなことは、やがて人工知能にとって代わられるからだ。

20世紀には、あるいは、そうだったかもしれない。偏差値の高さが人の価値だった時代がたしかにあった。けれど、人工知能の世紀に、他人の言うことをよく聞く、正確さが半端(はんぱ)ない優等生脳を育てる価値は、はたしてあるのだろうか。

息子が14歳のとき。

あるザッシ[c]の取材で、「妻のキゲン[d]を直す、魔法の一言を教えてほしい」と編集者に尋ねられた。私は答えられず、宿題にしてもらって家に持ち帰った。

息子の答えを期待していたわけじゃない。でも、話していればインスピレーションが浮かぶかもしれないと思い、彼にその話をした。

そうしたら、息子が、「本当にわからないの?」と聞いてくるではないか。「あなたには、わかるの?」と尋ねたら、彼は「たぶんね」とうなずいた。「なじる人は傷ついているんだよ。なじられた理由なんか、この際、関係ない。たとえ、それが筋が通っていなくたって」と彼は続けた。

曰(いわ)く、なじられたら、「ああ、大切な人が傷ついている」と心から思えばいい。そう思ったときに、口から自然に出てくることばが、魔法のことばじゃないの? オールマイティの便利なことばなんてあるわけがない。ことばは、そんなものじゃない。

私は胸を突かれた。

その昔、幼い息子を理不尽なことでなじることが時折あった。私が仕事と育児と家事の連立で疲れ果てて、彼に当たったのだ。そんなとき、彼は、必ず、私を抱きしめてくれた。背中をさすってくれたこともある。理不尽な理由で、悪くもない自分を激しくなじる母親を、である。彼は、私が傷ついていると知っていたのだ……! 私自身も知らなかったのに。

そんな人工知能を、誰が作れるのだろう?

ただ、ご飯を食べさせて、抱きあげて、ことばをかけた。私がしたのは、それだけだ。なのに、大人たちが彼にかけたことばが、彼の中で再構成されて熟成され、私の世界観を超えた答えとして返ってきた。入力情報をはるかに超えた化学反応である。

人工知能が、人類を超える日? ばか言っちゃいけない。痛み[2]

がない人工知能には、生み出せないことばがある。そのことばにこそ、人間の尊厳がある。

今、彼は25歳になった。

レーザーの研究をする大学院生で、モトクロスレースもこなすハードなバイク乗り。料理がとびきりうまく、革細工が趣味で、キャンプの達人。アルゼンチンタンゴを踊り、友達の面倒見がよく、私の事業にいくつものアイデアをくれる彼は、私がこの世で一番好きな男友達だ。どんな人工知能にだって、とって代われない。

一方で、彼は、偏差値は特段高くない。人に羨まれる学歴を持っているわけじゃないし、女たちが振り返る容姿を持っているわけでもない。就職戦線も負け通し。ただ、おかげで、[e]アイショウのいい会社に出逢（であ）ってくれた。一社だけの、相思相愛。迷うこともなく、彼は彼の道を行く。

彼が「はみ出す存在」だからこそ、人工知能に負ける日に怯えることはない。今までも、そして、これからも。

よくよく考えてみれば、そもそも人工知能以前に、誰にも勝っていないし、負けてもいないのだ。他者の評価で生きたことがないので、どんな戦いにも巻き込まれなかった。

[3]王道の先頭にいない若者。その強さが際立（きわだ）つ時代なのかもしれない。

（黒川伊保子「アンドロイドレディのキスは甘いのか」による）

□問１　＝＝部ａ～ｅを漢字に直しなさい。

□問２　――部１「人工知能がヒトの知性を超える日が来るのだろうか」とあるが、このような問いが生じるのはなぜか。説明しなさい。

□問３　――部２「痛みがない人工知能には、生み出せないことば」とはどのようなことばか。説明しなさい。

□問４　――部３「王道の先頭にいない若者」とはどういう人間か。説明しなさい。

二 次の文章を読んで、あとの各問いに答えなさい。

Ⅰ 夏休みが来た。

寄宿舎から、その春、入寮したばかりの若い生徒たちは、一群の熊蜂(くまんばち)のように、うなりながら、巣離れていった。[1]めいめいの野薔薇(のばら)目ざして…

しかし、私はどうしよう！ 私には私の田舎がない。私の生まれた家は都会のまん中にあったから。おまけに私は一人息子で弱虫だった。それで、まだ両親の許(もと)をはなれて、ひとりで旅行するなんていう芸当も出来ない。だが、今度は、いままでとは事情がすこし違って、ひとつ上の学校に入ったので、この夏休みには、こんな休暇の宿題があったのだ。田舎へ行って一人の少女を見つけてくること。

その田舎へひとりでは行くことが出来ずに、私は都会のまん中で、一つの奇跡の起こるのを待っていた。それは無駄ではなかった。C県のある海岸にひと夏を送りに行っていた、お前の兄のところから、思いがけない招聘(しょうへい)の手紙が届いたのだった。

おお、私のなつかしい幼友達よ！ 私は私の思い出の中を手探りする。真っ白な運動服を着た、二人とも私より少し年上の、お前の兄たちの姿が、まず目に浮かぶ。毎日のように、私は彼らとベースボールの練習をした。ある日、私は田圃(たんぼ)に落ちた。花環を手にしていたお前の傍で、私は裸にさせられた。私は真っ赤になった…。

やがて彼らは、二人とも地方の高等学校へ行ってしまった。もうかれこれ三、四年になる。それからはあんまり彼らとも遊ぶ機会がなくなった。その間、私はお前とだけは、しばしば、町の中ですれちがった。何にも口を聞かないで、ただ顔を赤らめながら、お辞儀をしあった。お前は女学校の制服をつけていた。すれちがいざま、お前の小さな靴の鳴るのを私は聞いた…。

私はその海岸行きを両親にせがんだ。そしてやっと一週間の逗留(とうりゅう)を許された。私は海水着やグローヴで一杯になったバスケットを重そうにぶらさげて、心臓をどきどきさせながら、出発した。

Ⅱ [2]都会では難しいものに見える愛の方法も、至極簡単なものでいいことを会得(えとく)させる田舎暮らしよ！ 一人の少女に気に入るためには、彼女の家族の様式を呑(の)み込んでしまうのが好い。そしてそれは、お前の家族と一緒に暮らしているおかげで、私には[a]ヨウイだった。お前の気に入っている若者は、お前の兄たちであることを、私は簡単に会得する。彼らはスポーツが大好きだった。だから、私も出来るだけ、スポーティヴになろうとした。それから、彼らは、お前に親密で、同時に意地悪だった。[3]私も彼らに見習って、お前をば、あらゆる遊戯からボイコットした。

お前がお前の小さな弟と、波打ちぎわで遊び戯(たわむ)れている間、私はお前の気に入りたいために、お前の兄たちとばかり、沖の方で泳いでいた。

Ⅲ　まだあんまり開けていない、そのT村には、避暑客らしいものは、私たちの他には、一組もないくらいだった。私たちはその小さな村の人気者だった。海岸などにいると、いつも私たちの周りには人だかりがしたほどに。そうして村の善良な人々は、私のことを、お前の兄だと間違えていた。それが私をますます[b]ウチョウテンにさせた。

Ⅳ　ああ、私はお前たちの兄に見習って、お前に意地悪ばかりしてさえ居れば、こんな失敗はしなかっただろうに！　ふと魔がさした。私は一度でもいいから、お前と二人きりで、遊んで見たくてしようがなくなった。

「あなた、テニス出来て？」ある日、お前が私に言った。

「ああ、すこしくらいなら…」

「じゃ、私と丁度いいくらいかしら？…ちょっと、やって見ない」

「だってラケットはなし、一体どこでするのさ」

「小学校へ行けば、みんな貸してくれるわ」

それがお前と遊ぶにはもってこいの機会に見えたので、私はそれを逃すまいとして、すぐ分かるような嘘(うそ)をついた。私はまだ一度もラケットを手にしたことなんかなかったのだ。そんなものはすぐ出来そうに思えた。お前の兄たちがいつもテニスなんか！　と軽蔑していたから。しかし彼らも、私たちに誘われると、一緒に小学校に行った。そこへ行くと砲丸投げが出来るので。

小学校の庭には、夾竹桃(きょうちくとう)が花ざかりだった。彼らは、すぐその木陰で、砲丸投げをやり出した。私とお前は、そこから少し離して、白墨で線を描いて、ネットを張って、それからラケットを握って、[4]真面目くさって向かい合った。が、やって見ると、思ったよりか、お前の打つ球が強いので、私の受けかえす球は、大概ネットにひっかかってしまった。五、六度やると、お前は怒ったような顔をして、ラケットを投げ出した。

「もう止しましょう」

「どうしてさ？」私はすこしおどおどしていた。

「だって、ちっとも本気でなさらないんですもの…つまらないわ」

そうして見ると、私の嘘は看破(みやぶ)られたのではなかった。が、お前のそういう誤解が、私を苦しめたのは、それ以上だった。むしろ、そんな薄情な奴になるより、[1]になった方がましだ。[5]私は頬をふくらませて、何も言わずに、汗を拭(ふ)いていた。どうも、さっきから、あの夾竹桃の薄紅(うすくれな)い花が目ざわりでいけない。

Ⅴ　とうとう休暇が終わった。

私はお前の家族と一緒に帰った。汽車の中には、避暑地がえりの真っ黒な顔をした少女たちが、何人も乗っていた。お前はその少女たちの一人一人と色の黒さを比較した。そうしてお前が誰よりも一番色が黒いので、お前は得意そうだった。私は少しがっかりした。だが、お前がちょっと斜めに冠っている、赤いさくらんぼの飾りのついたお前の麦藁帽子は、お前のそんな黒いあどけない顔に大層よく似合っていた。もしも汽車の中の私がいかにも悲しそうな様子に見えたというなら、それは私が
6 自分の宿題の最後の方が少し不出来なことを考えているせいだったのだ。私はふと、この次の駅に着いたら、サンドウィッチでも買おうかと、お前の母がお前の兄たちに相談しているのを聞いた。私はかなり神経質になっていた。そして自分だけがそれからのけ者にされはしないかと心配した。

Ⅵ

夏が一周りしてやってきた。

私はお前たちに招待されたので、再びT村を訪れた。私は、去年からそっくりそのままの、綺麗な、小じんまりした村を、それからその村のどの隅々にも一杯に充満している、私たちの去年の夏遊びの思い出を、再び見いだした。しかし私自身はと言えば、去年とはいくらか変わって、ことにお前の家族たちの私に対する態度にはかなり神経質になっていた。

それにしてもこの一年足らずのうちに、お前はまあなんとすっかり変わってしまったのだ！　顔だちも見ちがえるほどメラ*ンコリックになってしまっている。そしてもう去年のように親しげに私に口をきいてはくれないのだ。昔のお前をあんなにもあどけなく見せていた、赤いさくらんぼのついた麦藁帽子もかぶらずに、若い女のように、髪を葡萄の房のような恰好に編んでいた。鼠色の海水着をきて海岸に出てくることはあっても、去年のように私たちに仲間はずれにされながらも、私たちにうるさくつきまとうようなこともなく、小さな弟のほんの遊び相手をしているくらいのものだった。私はなんだかお前に裏切られたような気がしてならなかった。

日曜日ごとに、お前はお前の姉と連れ立って、村の小さな教会へ行くようになった。そう言えば、お前はどうもお前の姉に急に似て来だしたように見える。お前の姉は私と同い年だった。いつも髪の毛を洗ったあとのような、いやな臭いをさせていた。しかしいかにも気立てのやさしい、つつましそうな様子をしていた。そして一日中、イギリス語を勉強していた。
7 そういう姉の影響が、お前が年ごろになるにつれて、突然、それまでの兄たちの影響と入れ代わったのであろうか。

それにしてもお前が、何かにつけて、私を避けようとするように見えるのはなぜなのだ？　それが私には分からない。

Ⅶ

お前たちが教会にいると、よく村の若者どもが通りすがりに口ぎたなく罵って行くといっては、お前たちが厭がっていた。

ある日曜日、お前たちが讃美歌の練習をしている間、私はお前の兄たちと、その教会の隅っこに隠れながら、バットをめいめい手にして、その村の悪者どもを待ち伏せていた。彼らは何も知らずに、いつものように、白い歯をむき出しながら、お前たちをからかいに来た。お前の兄たちがだしぬけに窓をあけて、恐ろしい権幕で、彼らを呶鳴りつけた。

私もその真似をした。…不意打ちをくらった、彼らはあわてふためきながら、一目散に逃げて行った。

私はまるで一人で彼らを追い返しでもしたかのように、得意だった。私はお前からの褒美を欲しがるように、お前の方を振り向いた。すると、一人の血色の悪い、痩せこけた青年が、お前と並んで、肩と肩をくっつけるようにして、立っているのを私は認めた。彼はもの怖じたような目つきで、私たちの方を見ていた。私はなんだか胸さわぎがしだした。

私はその青年に紹介された。私はわざと冷淡を装って、ちょっと頭を下げたきりだった。

彼はその村の呉服屋の息子だった。彼は病気のために中学校を途中で止して、こんな田舎に引き籠って、講義録などをたよりに独学していた。そうして彼よりずっと年下の私に、私の学校の様子などを、何かと聞きたがった。

その青年がお前の兄たちよりも私に好意を寄せているらしいことは、私はすぐ見てとったが、私の方では、どうも彼があんまり好きになれなかった。もし彼が私の競争者として現れたのでなかったならば、私は彼に見向きもしなかっただろう。が、彼がお前の気に入っているらしいことに、誰よりも早く気がついたのも、この私であった。

その青年の出現が、薬品のように私を若返らせた。このころすこし悲しそうにばかりしていた私は、再び元のような快活そうな少年になって、お前の兄たちと泳いだり、キャッチボールをし出した。実はそうすることが、[8]自分の苦痛を忘れさせるためであるのを、自分でもよく理解しながら、今年九つになったお前の小さな弟も、このころは私たちの仲間入りをし出した。そして彼までが私たちに見習って、お前をボイコットした。それが一本の大きな松の木の下に、お前を置いてきぼりにさせた。その青年といつも二人っきりに！　私は、その大きな松の木かげに、お前たちを、*ポールとヴィルジニイのように残したまんま、ある日、ひとり先に、その村を立ち去った。

Ⅷ

秋になってから、その青年が突然、私に長い手紙を寄こした。私はその手紙を読みながら、膨れっ面をした。その手紙の終わりの方には、お前が出発するとき、車の上から、彼の方を見つめながら、今にも泣き出しそうな顔をしたことが、まるで田園小説の*エピローグのように書かれてあったから。しかし、私はその小説の感傷的な主人公たちをこっそり羨ましがった。

だが、何だって彼は私になんかお前への恋を打明けたんだろう？　そうとすれば、その手紙は確かに効果的だった。

その手紙が私に最後の打撃を与えた。私は苦しかった。が、その苦しみが私をたまらなく魅したほど、その時分はまだ私も子供だった。私は好んでお前を諦めた。

私はその時分から、空腹者のようにがつがつと、詩や小説を読み出した。私はあらゆる［2］から遠ざかった。私は見ちがえるようにメランコリックな少年になった。

（堀辰雄「麦藁帽子」による）

〈注〉メランコリック――憂鬱な。

ポールとヴィルジニイ――フランスの作家、ベルナルダン・ド・サン＝ピエールの小説「ポールとヴィルジニイ」の主人公。小説は、南海の孤島で、美しい自然のなかに成長した純真な二人の少年少女、ポールとヴィルジニイの清らかな恋と悲痛な結末を書いた。

エピローグ――終章。

□問１　――部ａ「ヨウイ」、ｂ「ウチョウテン」を漢字に直しなさい。

□問２　――部１「めいめいの野薔薇目ざして…」に含まれている表現技巧として最もふさわしいものを次のうちから選び、記号で答えなさい。

ア　直喩法　　イ　隠喩法　　ウ　対句法　　エ　擬人法
オ　体言止め　　カ　反語法

□問３　――部２「都会では～田舎暮らしよ！」とあるが、ここでいう「愛の方法」とは具体的にはどのようなことを示しているか。その説明として最もふさわしいものを次のうちから選び、記号で答えなさい。

ア　「お前」の気に入るには、本人よりもまず兄たちと親密になり彼女への思いを伝えてもらうのが近道だ。
イ　「お前」の気に入るには、スポーティヴになろうとすることで兄たちの仲間入りを果たすことが得策だ。
ウ　「お前」の気に入るには、親密に接しながら時には突き放すといったような独特の愛の方法が効果的だ。
エ　「お前」の気に入るには、避暑客のような素振りは見せず兄たちと同じように田舎になじむのが肝要だ。
オ　「お前」の気に入るには、彼女とあらゆる遊戯を共にしてスポーティヴな面をアピールするのが一番だ。

□問４　――部３「私も彼らに見習って～ボイコットした」ことに対して、「お前」はどのように反応したのか。それが示されている部分をⅥの章段から二十五字以上三十字以内で抜き出し、はじめと終わりの三字を答えなさい（句読点は一字に数えるものとする）。

□問５　――部４「真面目くさって向かい合った」ときの、「私」の心情の説明として最もふさわしいものを次のうちから選び、記号で答えなさい。

ア　少女を男性的なスポーツから排除しようと考えていることに勘づかせないように気をつけている。

イ　少女には近づきたいがテニスをすることに気が進まない素振りを見せないように気をつけている。

ウ　大の男が少女を相手に本気でプレーするつもりのないことを看破られないように気をつけている。

エ　この機会に少女にいいところを見せようと意気込んでいる気配を出さないように気をつけている。

オ　男性のたしなむスポーツからテニスを除外していることを態度に出さないように気をつけている。

□問6　[1]にあてはまる三字の言葉を考えて答えなさい。

□問7　——部5「私は頬を～拭いていた」での「私」の心情を説明したものとして最もふさわしいものを次のうちから選び、記号で答えなさい。

ア　うかつにも少女のテニスの相手をしてしまい、結果として、それまで少女が抱いていた「私」のスポーティヴなイメージを自ら損なってしまったことを悔いている。

イ　少女の誘いに乗ってはみたものの、兄たちが軽蔑するテニスという競技に本気で取り組むことができずに、結果的に少女の不興を買ってしまったことを悔いている。

ウ　慣れないテニスに思わぬ苦闘を強いられるが、その姿が少女の目に手加減してプレーしているかのように映ってしまい、彼女のプライドを損ねたことを悔いている。

エ　少女の技量に合わせてテニスに応じていたことが、少女を遠ざけようとする意志の表れと受けとられてしまい、二人の仲に亀裂が生じてしまったことを悔いている。

オ　少女にスポーティヴな印象を与えようと、虚勢を張ってテニスに応じたが思いのほか難しく、いつもの「私」らしからぬ醜態をさらしてしまったことを悔いている。

□問8　——部6「自分の宿題の最後の方が少し不出来」とは、具体的にはどのようなことを指していったものか。最もふさわしいものを次のうちから選び、記号で答えなさい。

ア　当初は徹底してスポーツを核として結びついている少女の兄たちの側に身を置き、彼女と一線を引くことで逆に彼女を惹きつけようとしたが、テニスの誘いに応じてしまい、思惑通りに事が運ばなかったこと

イ　当初はスポーツを通じて少女の兄たちと男同士の絆を深めようと考えていたが、テニスをしたのをきっかけに少女に思いを寄せるようになってしまい、どっちつかずの状態のまま休暇が終わってしまったこと

ウ　当初は田舎での愛の方法に従い、なるべく少女を遠ざけていたが途中で彼女が可哀想になってしまい、兄妹のように親しく接するようになって、挙句、村人から実の兄と間違われ

るまでになってしまったこと

エ　当初はスポーティヴになろうと海水着やグローブを持参し、少女の兄たちとスポーツを楽しんでいたが、テニスでしくじったことをきっかけに自信を失い、終いには彼女の一族から浮き上がってしまったこと

オ　当初は勉強から解放され夏休みを満喫すべく、意気込んで避暑地にやってきたが、少女の兄たちと同様、学問をボイコットし地元の不良を相手に粋がっている内に、肝心の宿題がお留守になってしまったこと

□問9　――部7「そういう姉の影響が～入れ代わったのであろうか」とあるが、入れ代わる前の「兄たちの影響」を読みとることのできる、「お前」の表情を描写した一文を抜き出し、はじめの五字を答えなさい。

□問10　――部8「自分の苦痛」とあるが、何が「自分」に「苦痛」をもたらしたのか。その説明として最もふさわしいものを次のうちから選び、記号で答えなさい。

ア　兄たちと一緒になって「お前」をスポーツの世界から締め出してしまったことが、結局は「お前」を追いつめ、文学かぶれの「青年」の側に追いやってしまったこと

イ　何とか「お前」の歓心を買おうとし、兄たちと一緒になって地元の不良を相手に暴れたことがきっかけとなって「お前」の心が「私」から離れていってしまったこと

ウ　恋の競争者として現れた「青年」が、かつて「お前」が求めていた男性像とかけ離れた存在であり、結果的に「私」の妄信してきた愛の方法が功を奏さなかったこと

エ　「青年」が恋の競争者として現れ、唐突に挑戦状とも受け取れる長い手紙を寄こしているにも関わらず、「私」が彼に対抗し得る文学的素養をもっていなかったこと

オ　病的な「青年」の出現によって、スポーティヴな若者こそ「お前」の相手にふさわしいという前提が崩れ、「私」が方向転換を検討せざるを得ない状況に陥ったこと

□問11　――部9「その苦しみが私をたまらなく魅した」の部分からうかがえるのはどのようなことか。最もふさわしいものを次のうちから選び、記号で答えなさい。

ア　「私」は「青年」に憧れすら抱いており、今や文学青年の仲間入りを果たしたいと切に願っているということ

イ　「青年」の手紙を読んだ「私」が、文学青年とは全く相容れない自己の資質を改めて確認しているということ

ウ　「私」は小説の主人公さながらの感傷に浸っており、実は「青年」と似たような内面を秘めているということ

エ　「青年」の言葉が薬品のように「私」に作用し、少女の心変わりには無関心になってしまっているということ

オ　「私」は筋書き通りに事を運ぶ「青年」に感化され、その愛の方法を会得しようと考え始めているということ

□問12 　2　 にあてはまる言葉を文中から五字以内で抜き出しなさい。

三　次の文章を読んで、あとの各問いに答えなさい。

人の田を論ずるもの、訴へに負けて、ねたさに、「その田を刈りて取れ」とて、人を①つかはしけるに、先づ、道すがらの田をさへ刈りもて行くを、「これは論じ給ふ所にあらず。②いかにかくは」と言ひければ、刈るものども、「その所とても、刈るべき理なれども、僻事せんとてまかるものなれば、いづくをか刈らざらん」とぞ言ひける。③理、いとをかしかりけり。

（「徒然草」による）

〈注〉論ずる――ここでは訴訟して所有権を争うこと。
ねたさ――憎らしさ。恨めしさ。
僻事――まちがったこと。非道なこと。
まかる――「行く」の謙譲語。

□問１　――部①「つかはし」を、現代仮名遣いを用いてすべてひらがなで書きなさい。

□問２　――部②「いかにかくは」は、どういうことを問うているのか。

□問３　――部③「理」とは、「理屈」という意味だが、ここではどのような理屈か。

70

第8回

出題の分類

一 論説文　二 小説　三 古文

※特別な指示がない限り、句読点や記号も一字とする。

▼解答・解説は P.149

時　間：50分
目標点数：80点

1回目	/100
2回目	/100
3回目	/100

一　次の文章は、「経験」というものを「身体性を伴う受苦」との関係から論じたものである。これを読んで、あとの各問いに答えなさい。

〈海図のない時代〉と言うことがいわれている。そのことばは、私たち日本人が置かれている困難な状況をタンテキ(A)にいいあらわすのに使われている。直接にはそれは、近年、国際経済や国際政治にこれまでおよそなかったような大きな、また根本的な変動があって、その結果生じた事態の荒波を乗りこえ、乗り切っていくためには、出来合いのどんな海図＝〔　a　〕をもってきても役に立たなくなったことを意味している。むろん、同じようなことは、国内の経済や社会の問題についても言われうるわけだ。そして、それはさらに、私たちの思想や文化の問題でもありうる。いや、思想や文化の次元でも、現在明らかに〈海図のない時代〉ということばで言われるべき問題が存在している。出来合いのモデルはどこにも見出だせなくなったのだから。

では、こういう状態のなかで、いったいどこからどのようにして考えたらいいのだろうか。既成の理論や価値などを、もう一度再検討すること、新しい目でとらえかえすことも怠ってはならないだろう。が、それと同時に、いま私たちはあらためて、思想や理論の拠(よ)り所となるところ、そこで思想や理論が生成されるところにまで降りていき、そこに知の再組織の手がかりを得ることが必要だろう。①ここにおのずと人々の関心が向けられ、人々の関心がそこへと収斂(＊しゅうれん)してくるようになったのが、〈経験〉であり〈身体〉である。

あたかもこの二つはともに、絶対化されたイデオロギーや惰性化した理論からもっとも遠いところに位置している。これらはもっとも日常的であると同時にもっとも根源的である。ところがどういうわけか、この二つは別々に扱われるばかりで、相互にはっきり連関づけてとらえられることが少なかった。だがこの二つは、もともと一連の主題なのではなかろうか。

私たち人間は誰でも、生きているかぎり、否応(いやおう)なしにこの世界の中で他の人々とかかわりつつ、それぞれの具体的な生を営んでいく。経験とはまず、そのような私たち一人ひとりの具体的な生き方の諸側面あるいは全体のことである。そしてなにかを経験するとか、経験を積むとかいうことがしばしば特別の重い意味を持ちうるのは、いちいちの経験を含めて、経験というものが私たち一人ひとりの生の全体性と深く結びついているからである。ところで経験の雛型（ひながた）ともいうべきものを求めるとすれば、生活世界の中で私たち一人ひとりがなにかの出来事に出会うことがまず考えられるだろう。けれども、ただなにかの出来事に出会うことが、ただちに私たち一人ひとりの生の全体性と結びついた経験になるのではない。なにかの出来事に出会っても、ほとんどなにも［　b　］を私たちのうちに残さない、つまり内面化されない経験、うわの空の経験、疑似経験というものがある。これは誰にも思いあたるところがあるだろう。

私たちにおいて、経験が真に経験になるのは、私たちがなにかの出来事に出会って、〈能動的に〉、〈身体をそなえた主体として〉、〈抵抗物を受けとめながら〉振舞うときだといってよさそうだ。②この三つは経験が私たち一人ひとりの生の全体性と結びついた経験になるための不可欠な要因である。まず、私たちの振舞いにまったく〈能動性〉がなければ、どんなに多くのことを見たり、したりしても、それだけでは経験にならない。このように能動性は経験のもっとも基本的な要因である。それが単に精神の能動性にとどまるならば、その能動性は持続的に持ちつづけられないだけでなく、抽象的なものにとどまるだろう。ここで必要なのは、身体によって支えられ、持続性に与えられた能動性である。このようにして第一の〈能動的に〉は第二の〈身体をそなえた主体として〉に結びつき、具体化される。

しかしながら、身体の動きは単純なもの、それだけのものではない。というのは、私たちは、身体をそなえた主体として存在するとき、受動性をマヌカ[B]れるのではなく、同時に受動性の刻印を帯びたパトス*＝受苦的な存在になるからである。能動性を持ちながらオビヤ[C]かされ、受苦を感じることによって能動性を深める。ともかく、このようにパトス性を帯びることによって、私たち人間は現実が含む矛盾のなかを、あちらこちらに突きあたりながら生きていかざるをえないだろう。ここで矛盾とは、自己の内部の矛盾であるだけでなく、自己と他の人々との矛盾であり、さらには自己と状況＝世界との間の矛盾である。これらの矛盾は互いに連関し合っており、そして矛盾の根源は私たち人間がパトス性を帯びていることにある。ともかくこうして、第二の〈身体性をそなえた主体として〉は、第三の〈抵抗物を受けとめながら〉に結びつき、いっそう具体的なものになる。

すなわち、私たちにとって経験とは、ただなにかの出来事に出会うことでもなければ、ただ能動的に振舞えば足りることでもない。その際にどうしても欠いてはならないのは、身体をそなえた主体としてパトス＝受苦に晒（さら）されるということである。③このパトス＝受苦を欠くならば、せっかくの私たちの能動性も明快ではあっても抽象的なものにとどまり、空まわりするだけだろう。ところで、私たちがパトス=受苦に晒されているということは、私たちの自己が決して簡単に自立しうるものではないということである。むしろ他者や世界との関係性のなかにこそあるということである。こうして私たちの能動性あるいは主体は、まさに世界や他者との関係性を組みこんだものになる。その結果、私たちの一人ひとりは、いっそう深く現実とかかわるようになるのである。

こういう次第で、私たちにとって経験が経験になるということは現実とのかかわりが深まるということである。ところがここで、④現実とのかかわりあいが深まるにつれて、私たち一人ひとりの主体は、単純で明快なものから重層的で*錯綜(さくそう)したものへ分散していった。これは一見奇妙なことである。しかしながら私たちは、経験のありようをつきとめていくとき、そこで自己(私)と現実(世界)とがもっと密接にかかわり合う根源的な経験というものを、どうしても認めないわけにはいかない。そしてもしそれを認めざるをえないとすれば、自己(私)も現実(世界)も、そうした根源的経験の分化したものになるだろう。それを自己(私)と経験との関係でみれば、はじめにまず〔 c 〕があって然(しか)るのちに〔 d 〕が生ずるのではなく、逆に〔 e 〕あっての〔 f 〕ということになる。

この逆転はそれ自体としては、まったく正当なものである。けれどもこの場合、私たちの自己をただ経験のうちに没し、消え去るものとしてとらえてはならないだろう。私たちの自己は、現実に生きる主体、身体をそなえたパトスに晒された主体として立ちあらわれるのである。このように〈経験〉と〈身体〉とは分かちがたく結びついて、私たち人間の存在と思考の根源を形づくっている。

かつて*デカルトが『情念論』において、パトス=情念を身体の働きかけによる精神(心)の*受動(パッシオン)としてとらえたことは、よく知られている。それは、精神と身体の*峻別(しゅんべつ)による二元論の立場に立って、パトス=情念をもっぱら精神の能動性を妨げるもの、心の平安を乱すものとしたのであった。したがって、その観点からすれば、パトス=情念は、私たちの意志の力によってトウギョ(D)され、支配されるべきもの、消極的な意味を持ったものにすぎない。このような考え方が近代文明、近代科学の合理主義と表裏をなして長い間広く人々に受けいれられていたのであった。

しかしながら、パトスは人間にとってそのような消極的な意味を持つものではなく、むしろ、私たち人間にとって本質的な規定をなしているものである。すなわち、私たち人間は本質的にパトス的=受苦的であるということができる。少なくとも、パトス=受苦は、私たち人間の根源的な存在様相であり、世界との根源的なかかわり方である。能動性も理性も、それに支えられることなしには抽象的なものであるにすぎない。身体を基体としない主体が抽象的であるように。

しかも、〈パトス=受苦を含んだ能動性〉の働きは、以上のことだけにとどまらない。さらにそれは、身体をそなえた主体によって担われるものとして、私たちに直接的に、そして安易に自己同定し、自己証明することを許さないのである。経験の経験たるゆえんは、私たちの一人ひとりをこれまでの自分と一旦異化することにあるとさえいえるだろう。すなわち、経験は私たちを面くらわせて辛い立場に、いやしばしばキュウチ(E)にさえ追いこむだろう。やがてそれがいっそう確実な自己同定、いっそう堅固な自己確立をもたらすことになるにしても、そうなるのはあくまで幾たびもの自分との異化を経てからであり、経験の積み重ねによるものである。私たちは、楽なことをいくら沢山しても、いい経験になったとはいわないものである。

（中村雄二郎「経験と身体への問い」による）

〈注〉収斂 —— 収縮すること。
パトス —— pathos（ギリシア語）苦しみ・受難・感情・激情。
錯綜 —— 複雑に入りくむこと。
デカルト —— フランスの哲学者。『情念論』（一六四九）、『方法論序説』（一六三七）などの著作がある。
受動 —— passion（フランス語）熱情・激情・情熱。
峻別 —— きびしく区別すること。

□ 問1 ——部A～Eのカタカナを漢字に直しなさい。

□ 問2 〔a〕・〔b〕に入る語として最も適当なものを次のうちからそれぞれ選び、記号で答えなさい。

□ 〔a〕 ア 政治　イ 経済　ウ 目標　エ 経験　オ 理論

□ 〔b〕 ア 感傷　イ 刻印　ウ 成果　エ 功績　オ 確証

□ 問3 ——部①「ここにおのずと人々の関心が向けられ、人々の関心がそこへと収斂してくるようになったのが、〈経験〉であり〈身体〉である」とあるが、その理由として最も適当なものを次のうちから選び、記号で答えなさい。

ア 国際社会の根本的な変動に対応できるような理論を構築するためには、思想や文化といった観念的なものよりも、人々の具体的な生の営みの中にある〈経験〉と〈身体〉を見直す方が実践的な力があると考えるから。

イ 人々の具体的な生の営みに深く結びついてさまざまな知の基底となっている〈経験〉と〈身体〉を手がかりにすることで、社会の根本的な変動に対応しきれなくなった既成の思想や理論を再構築しようと考えるから。

ウ 長い歴史の中で培われてきた多くの〈経験〉と、現在の具体的な生活の礎となっている〈身体〉とを同じ主題を持つものとしてとらえ、両者を手がかりにして新しい経済や政治の仕組みを作り上げようと考えるから。

エ 社会の国際化が進んで既成の思想や理論が役に立たなくなっていく中で、人々の具体的な生活に深く結びついている〈経験〉と〈身体〉を見直せば、国際社会の中で様々な人と関わる基盤が作り出せると考えるから。

□問４　――部②「この三つは経験が私たち一人ひとりの生の全体性と結びついた経験になるための不可欠な要因である」とあるが、「この三つ」はそれぞれどのような関係にあると筆者は述べているか。次のア～エを筆者の論述にしたがって正しい順に並べなさい。

ア　〈能動性〉は、〈身体をそなえた主体〉に結びついて〈持続性〉を与えられた〈能動性〉となる。

イ　パトス性を帯びることで〈能動性〉が深まり、私たちは現実といっそう深くかかわるようになる。

ウ　〈身体をそなえた主体〉になることで、人は〈抵抗物を受けとめ〉て受苦を感ずることができる。

エ　〈経験〉が真の意味での〈経験〉となるためには、〈能動性〉は欠くことのできないものである。

□問５　――部③「このパトス＝受苦を欠くならば、せっかくの私たちの能動性も明快ではあっても抽象的なものにとどまり、空まわりするだけだろう」とはどのようなことをいうのか。文中の語句を用いて七十字以内で説明しなさい（ただし、「経験」という言葉を必ず用いること）。

□問６　[c]～[f]に入る語の組み合わせとして最も適当なものを次のうちから選び、記号で答えなさい。

ア　[c]…経験　[d]…自己（私）　[e]…経験　[f]…自己（私）

イ　[c]…自己（私）　[d]…経験　[e]…自己（私）　[f]…経験

ウ　[c]…経験　[d]…自己（私）　[e]…自己（私）　[f]…経験

エ　[c]…自己（私）　[d]…経験　[e]…経験　[f]…自己（私）

□問７　――部④「現実とのかかわりあいが深まるにつれて、私たち一人ひとりの主体は、単純で明快なものから重層的で錯綜したものへ分散していった」とあるが、「私たち一人ひとりの主体」が、「重層的で錯綜したものへ分散してい」くとはどういうことか。その説明として最も適当なものを次のうちから選び、記号で答えなさい。

ア　自己と現実とのかかわりが深まれば深まるほど、私たち一人ひとりは他者との関係性に対して息苦しさを感じ始め、複雑にからみ合った現実社会というものから目を背けたくなってくるということ。

イ　自分自身が他者との関係性の中に組みこまれていけばいくほど、私たち一人ひとりは明確な自己というものを見失って、他者の思惑や周囲の状況に合わせた行動をとらざるをえなくなるということ。

ウ　現実とのかかわりが深まれば深まるほど、私たち一人ひとりが自己の内部の矛盾や自己と周囲との矛盾に突きあたり、ますます他者や世界との関係性の中に組み込まれていくようになるということ。

エ　自分自身が他者との関係性の中に組みこまれていけばいくほど、私たち一人ひとりの主体的な経験は複雑化した局面であらわれるようになり、様々な矛盾を抱えた様相を持つようになるということ。

□問8　本文の内容に合致しないものを次のうちから一つ選び、記号で答えなさい。

ア　私たちは日常生活の中でさまざまな経験をするが、その経験をほんとうの意味での経験にするためには、身体性を伴った苦しみの過程を経る必要がある。

イ　身体的受苦を伴う経験を何度も重ねるうちに、私たちは他者や世界と深く関わるようになり、自己と他者との矛盾を解決する糸口が見つかるようになる。

ウ　つらく苦しい経験をするということは、私たちの自己というものが他の人々との関わりのないところで簡単に自立しうるものではないことを示している。

エ　私たちが生きていく上で数多くの矛盾に突きあたるということは、私たちの存在が受苦的であることの証であるが、それは決して否定的なものではない。

□問9　━━部「経験の経験たるゆえんは、私たちの一人ひとりをこれまでの自分と一旦異化することにある」とあるが、「経験」によって「自分」を「異化」するということの具体例を自分の言葉で、八十字以内で記しなさい。

二　次の文章を読んであとの各問いに答えなさい。

ロオラはおしげが好きなようです。おしげが二階に上りさえすれば、きっと物を叫ぶか、或は例の泣き声を真似ます。ロオラはわたしたち家族のなかではおしげを一ばん好いている様子です。そのくせ別におしげが餌をやるわけではなく、餌はわたし自身や長谷川がやるのです。それだのにロオラは一向、男には馴染まないのです。わたしの妻やおしげなどに対しては籠のそばへ頸をさし出して頭をさすらせることをし、それを喜ぶのに、男がそうしようとすると大てい逃げてしまいます。てんで籠のそばへ頸をさし出すことさえしないのです。ロオラはこの通り少しも男に馴染んでいないのは、きっと以前の飼い主は女だったからでしょう。

「ロオラや」

あの気取った声の奥さんは、前の飼い主に相違ない。少し肥ったあごなどのくびれた人が努めてやさしげに言う声に似ている。ロオラは女のうちでおしげをわたしの妻よりも好いているが、わたしの妻は痩せていて、おしげは太っています。

それからロオラはまた近所の子供に談しかけられるのを何よりも喜んでいます。彼等がわたしの二階の窓の下へ来て何か一言叫ぶと、ロオラはいろんなことを喋り出すのです——そうです。ロオラに、あとからあとからさまざまなことを言わせたものは近所の子供たちでした。ロオラはきっと子供を相手に育ったに相違ないのです。これはロオラの話す片言交りの言葉によっても知れます。そう言えば男ぎらいのロオラは、男の声を少しも言うことはないのです。——どうも男のいない家庭にいたらしいと思えるのです。

犬の吠える声や、そればかりか金太郎がロオラに挑戦する時にそれをあしらう様子などを見ると、ロオラは小犬とはもう充分に親しみがあるのです。多分は、ロオラの以前に飼われた家にも小犬がいたのです。

ロオラはまた鶏を呼ぶことを知っているのです。また鶏の、ク、ク、ク、ク、クという声も覚えているのです。

鶏がいて、小犬がいて、三十四五ぐらいの少し肥えた奥さんが子供をいくたりか育てている——子供は？　いくたりだろう。どこか東京近郊の静かな場所で、そうしてその家庭には男はいない。けれども賑やかな家庭である。ロオラは笑うことを知っている。よく笑う。調子はずれな声で出鱈目を歌っては、はしゃぐ。

「オカアサン」——O'kâsan.

「オカアサン」——Okâ'san.

「オカアサン」——Okâsa'n.

「ホ、ホ、ホ、ホ」

こういうのを聞くとわたしは、三人の女の子がお母さんと一緒にロオラの真鍮の籠を取囲んで、口々にいろいろな呼び方の「オカアサン」をロオラに言わせてみんなして笑い興ずる縁側のありさまを、空想することが出来るのです。

——しかし、この家にはお母さんばかりいてお父さんはいない。お父さんはいないけれども赤ん坊がいるのです。——三つか精々四つぐらいの「ボーヤ」で、それが時折、泣き出すのです……

わたしがこのようにロオラの以前に養われていた家庭を空想して、それによってロオラを愛している間に、①わたしの妻はまたロオラの片言交りの言葉を、よく聞きわけたり、解釈したりすることを努力しているのでした。ロオラが同じ「オカアサン」を言う時にも、甘ったれるようなのや、少し不きげんなのや、またあごでこき使う調子を帯びたのや、さまざまな発音があると彼女はいうのです。子供の泣き真似や、また出任せの歌などがひどく彼女を喜ばせました。そうして初めはそんな鳥などを買った事に不平をこぼしたくせに、もうそんな事はすっかり忘れてしまったらしいのです。（——彼女、わたしの妻には子供がなかったのです。時々それをさびしがるようなことを言うことがあります）

要するにロオラのきれぎれな言葉はわたしには一つの家庭を思わせたし、わたしの妻には子供たちの生活を思わせたのです。

（中略）

こうして二週間ばかり経(た)っているうちに、例の小鳥屋の＊才取(さいとり)をする仙人がまたわたしのところへ訪ねて来ました。

「前の鳥は、どうだったかね」

仙人はわたしが前の鳥――つまりロオラに満足していないと思ったのかも知れません。

「ロオラか。あれは面白い鳥だよ」

「よく喋(しゃべ)る?」

「うん。いろんなことを言う」

「それはいい」

「だが、とりとめのあることは言わない。また片言ばかりだ――言葉はどうもよくわからないが、それは鳥の罪ではなくて、先生の罪らしいのだ。――赤ん坊の言葉をおぼえたのだね。だから意味はわからないが情緒はなかなかあるよ」

そこでわたしはロオラに対するわたしの観察と空想と愛情とを、仙人に話して聞かせて、ロオラがわたしには目に見えないが心にははっきりわかる好(よ)き一家族を隣人にしてくれ、またわたしの妻にはいくたりかの子供たちを思わせて彼女の母性を満足させていることを説明したのです。

「教え込まれたのではなく、自然にひとりでいろんな事を覚える鳥だとすると、いい鳥だよ。賢い鳥だよ。それにその家庭で相当長く、少くとも三四年はいただろうな。それで何かね、泣いたり笑ったりする時には多少、そんな感情を鳥も持っていてそれを現わすかしら」

「さ。そういう点まではわからないが」わたしは仙人の問に対して答えたのです「しかし、聞く方は、ともかくもそういう感情をさそわれて聞くね――②ところで、君、あれは、ロオラは今まで時々鳥屋の店にさらされた鳥ではあるまいね」

「それはそんなことはないさ。そう、そ。あなたに言おうと思って忘れていたのだけれど、あれの爪や嘴(くちばし)があんまり延びすぎている。あれは何か木片かなんかを噛(かじ)らせるがいい――それを見てもわかるが、大切にも育てられたがあんまり手入れはとどかなかったね、あの鳥は。つまりあなたが言うように、女と子供との家庭に育ったからだ。それに鳥屋の店にはさらさなかった証拠だね。鳥屋で半月もいたことがあるとすれば、鳥屋は注意してあの嘴を蝋燭(ろうそく)ででも焼いてやるよ、あんまり延びすぎているものね」

「君の爪も」とわたしは笑いながら言った「一つ蝋燭ででも焼いてはどうだ」

「これは延びていちゃいかんかね」仙人は仙人らしいとぼけた顔をして、煙草(たばこ)をつまんだ彼の手の指を見つめていました。

とわたしは自分の冗談を打(う)ちきって、わたしの日ごろの空想のつづきを、仙人に話しつづけたのです――

最後にのこっている疑いは、つまりあのような可愛いまたよく慣れ親しんだロオラを、何故、お母さんが鳥屋へ売ってしまったろうかという点なのです。仙人に聞くと、売ったのではなく外の鳥と取代えたのだそうです。それならば尚の事、別にすべての鳥に飽きたというのでもなく、また金に代える必要があったわけでもない事になります。そうしてわたしの想像はいっそう確実性を持てることになるのです。

わたしは考えるのです。わたしの空想の夫人はきっと、可愛い子供を失ったのです。それは「ボーヤ」にちがいないのです。ロオラが夜など突然、寝ぼけたような声を張り上げて――

「オカアサン。ワーワーワー」

と、泣く時、夫人は失われたいとし子の思い出に堪えられなかったに相違ありません。これより外に、その夫人が良人のいい土産でありその上彼女の可愛い小さな娘たちのいい友達を人手に渡そうなどと思い立つ理由を、わたしは思い究めることが出来ないのです。そうして、ロオラのあの本当の赤ん坊そっくりな泣き声を聞けば、これはきっと誰しもわたしのとおりに考えるでしょう。

わたしは自分の想像を信じるのです。そうしてせめてはさびしい夫人が良人の留守の間に子供を死なせたのでなければいいがと案じているのです。

ロオラはわたしの家に来てからもう二月になります。そうして彼女は(わたしにはロオラはどうしても女の子とより外に感じられませんが)わたしが金太郎やジョオジを呼ぶ時の口笛を上手に真似るようになりました。わたしはロオラを愛しています。そうしてロオラも追々とわたしになついて来ます。ただわたしが時々心配することは、ロオラが完全にわたしたちの家庭になついた頃には、わたしの家には子供がいないのだから、ロオラは子供の真似を忘れてしまい、しかもその頃になってわたしの想像する寂しい夫人は、年月とともに愛児を失った真実の悲しみが少しずつうすらぐとともに、せめてはその児のなつかしい追憶のために、その子の声に生きうつしのロオラに逢いたいと思いはしないだろうかということです。しかもそのロオラは、わたしのところで今は③別のロオラになりつつあるのです。

（佐藤春夫「オカアサン」による）

〈注〉 才取――売買の仲介をする人。

□問１　――部①について、「わたしの妻はまたロオラの片言交りの言葉を、よく聞きわけたり、解釈したりすることを努力しているのでした」とあるが、「わたしの妻」はなぜそのような「努力」をしているか、説明しなさい。

□問２　――部②について、「ところで、君、あれは、ロオラは今まで時々鳥屋の店にさらされた鳥ではあるまいね」とあるが、「わたし」はなぜそのような質問をしたのか、説明しなさい。

□問３　――部③について、「別のロオラになりつつあるのです」とあるが、「ロオラ」は、なぜ、どのような鳥になるというのか、説明しなさい。

□問4　この話の後、「わたし」は「ロオラ」をずっと飼い続けるかどうか、あなたの考えを書きなさい。

三　次の文章を読んで、あとの各問いに答えなさい。（本文の表記を一部改めた。）

ある寺の住持*に、とつと物いまひする*ありけり。大晦日(つごもり)に小僧を呼びて、「あすは何事も粗相*を言ふな」と言ひ付けられた。さて元日の朝、小僧、いろりの火を吹くとて、灰［A］吹きたて、御坊*の頭下しに灰がかかりければ、もつての外(ほか)に気［B］かけられ、めでたく取り直さでは悪(あ)しかるべし［C］思ひ、「やい小僧、一句したほどに、めでたう祝へ」とて、

小僧こそ福[1]ふき懸けるけふの春

「何でもめでたいぞ」とてよろこばれければ、小僧、「私、付けませう[2]」とて、

お住持様の灰にならしやる

と付けければ、ぎやうさん気にかけられた[3]。

（「当世手打笑」による）

〈注〉住持――住職。
とつと物いまひする――大変縁起かつぎする。
粗相――縁起の悪いこと。
御坊――「住持」と同じ。住職のこと。

□問1　［A］～［C］にあてはまる語として最も適切なものをそれぞれ次のうちから選び、記号で答えなさい。（同じ記号は一度しか使えない。）

ア「が」　イ「に」　ウ「を」　エ「と」

□問2　――部1「福」とあるが、具体的には何か、答えなさい。

□問3　――部2「付けませう」を現代仮名遣いに改めなさい。

□問4　――部3「ぎやうさん気にかけられた」は「たいそう心配した」という意味だが、どういうことを心配したのか、具体的に答えなさい。

70 第9回

出題の分類

一 論説文　二 小説　三 古文

※特別な指示がない限り、句読点や記号も一字とする。

▼解答・解説は P.153

▼解答・解説は P.153

時間：50分
目標点数：80点

1回目	/100
2回目	/100
3回目	/100

一 次のⅠ、Ⅱの文章を読んで、あとの各問いに答えなさい。

Ⅰ だいぶむかしのことになるが、「わたし」という劇があった。残念なことに作者を記憶していないが、たいへん哲学的な構成だった。主人公はただひとり。その主人公とカゲの第三者との問答。問い「あなたは誰?」、答え「山田太郎です」。問い「それを証明できますか?」、答え「ハイ、ここに身分証明書があります」。問い「その証明書がホンモノだと証明できますか?」、答え「ハンコが押してあります」。問い「ハンコなんていくらでもギゾウできるじゃないの。ほんとにあなたは誰なの?」……あなたの名前も、またそれを確実に立証してくれる手段もない。だいたい「名前」などというものだってベンギ上つけられたもの。名前があるからといって、そんなものなんの役にもたたない。いきなり知らない世界のどこかにひょいとほうり出されたらどうなるか。自己証明は不可能にちかい。むずかしくいえば「自己が自己であることの証明」は不可能なのである。あるいは「アイデンティティ」というものがどこにどんなふうにあるのか、それもわからないのである。わたしにいわせれば、「アイデンティティ」というのはせいぜいラッキョウの皮の一片にしがみついているだけのことなのである。

Ⅱ 世間ではひとりの人間、つまり、あなただのわたしだのを個別に認識し、他人と区別してくれる。その「区別」のモノサシのことを「社会的分類」と名づける。

といって、べつだんむずかしいはなしではない。似顔絵描きとおなじように、世間は特定の人間の輪郭を描いてそれぞれのひとのイメージをつくっているのである。そのイメージが「プロフィール」である。日本語でいえば「人物像」とでもいうべきか。わたしたちは似顔絵をスケッチする画家がエンピツで輪郭線を描くのとおなじように、ラッキョウの皮のあれこれを手がかりにして他人の肖像を心のなかに描くのである。(中略)

そうしてできあがった「プロフィール」によってわたしたちはひとを判断する。その思い描いた人物像を基準にして「東大出のくせに」とか「さすが関西人、目先がよく利くなあ」といったふうに判断に狂いがなかったことを確認する。ときにモノサシと現実がちがうと「やっぱりフランス人は粋だなあ」「十七歳だって！よくもあんな問題が解けるものだ」「大学もでていないのに、事業をあそこまで成功させたのにはおどろいた」といったふうにひとを「見直す」のである。そして、そのたんびに「やっぱり」とか「まさか」とか「さすが」とかつぶやくのである。

いろんな変数を組み合わせてつくりあげたプロフィールが、ただしいものかどうかはわからない。ときには、いやしばしば、頭のなかで構築した人物像と本人とはずいぶんちがっている。だが、現実にはそれを確認するわけにはゆかない。たとえば人事採用は「人物本位」というけれども、担当の求人係は履歴書をみて基本的ないくつかのモノサシでオウボ者をふるいわける。学歴、経験、資格などからみて不適格と判断された人間はなかなか面接にまでこぎ着けない。たったひとりを採用しようとしているのに、万人平等の原則で数千人ぜんぶに面談というわけにはゆかないのである。

そんなふうに勝手につくりあげたプロフィールでひとや人柄をあらかじめ「区別」することをばあいによっては「偏見」といい、あるいは「差別」という。おおむねいい意味でつかわれることばではない。しかし「あのひとは慈善家なんだって」「彼女は司法試験に一発で合格したんだって」とかいった A 評価だって「偏見」であり「差別」なのである。わたしたちはだれだって、そういう偏見によって他人をみているし、他人からも偏見によってみられているのだ。そのことは「イタリア人は陽気だ」「こどもは無邪気だ」「政治家はウソつきだ」といった認識にわたしたちが支配されていることからもわかる。俗なことばでいえば、わたしたちは「色眼鏡」で自他をみているのである。わたしたちはひとりの例外もなく偏見のかたまりなのである。

（中略）世間は外側にある何枚、何十枚、いや何百枚もの皮、すなわちモノサシを用意してひとを評価しているのだ。その分厚い皮膜におおわれて人間はつねに他人から「見られて」いる。そして同時に他人をみている。だんだん交際が深まれば、「色眼鏡」が変化することがすくなくないが、それでも「全人格」が理解されることはありはしない。そもそも「全人格」などというものがある、というのが錯覚なのである。

（加藤秀俊「社会学」による）

□問1 ――部①「ギゾウ」、②「ベンギ」、③「オウボ」のカタカナを漢字に直しなさい。

□問2 A に入る言葉として最もふさわしいものを次のうちから選び、記号で答えなさい。

ア 一般的な　イ 好意ある　ウ 核心をついた
エ 人物本位の　オ 世間からの

□問3 本文中の～～部ア～カのうち、――部1「ラッキョウの皮」とは異質なものをすべて選び、記号で答えなさい。

□問4 ――部2「いろんな変数を組み合わせでつくりあげたプロ

フィール」とはどのようなものか。Ⅱの文章を参考にしながら四十字以上六十字以内で説明しなさい。解答は「プロフィールというものは、」という書き出しに続けて、次の二つの言葉を示された順番通りにすべて用いること。句読点等の記号は一字として数える。

（用語）　恣意的　無視できない

□問 5 ══部「『わたし』という劇」とあるが、この例を用いて筆者は文章全体で何を論じようとしているのか。「わたしは［A］するが、［B］に気づかされてしまうということ。」という形を用いて説明しなさい。ただし、Aでは「承認」、Bでは「ほんとうのわたし」という言葉を必ず用い、Aは十字以上二十字以内、Bは三十字以上四十字以内で答えること。句読点等の記号は一字として数える。

わたしは［　A　］するが、［　B　］に気づかされてしまうということ。

二　次の小説は、一九一〇（明治四十三）年に発表された、加能作次郎「恭三の父」の一節である。よく読んで、あとの各問いに答えなさい。（なお、一部の表現を改めている。）

恭三は夕飯後例の如く村を一周して帰って来た。

帰省してから一カ月余になった。昼はもとより夜も暑いのと蚊が多いのとで、予て計画して居た勉強などは少しも出来ない。話相手になる友達は一人もなし毎日毎日単調無味な生活に苦しんで居た。仕事といえば昼寝と日に一度海に入るのと、夫々故郷へ帰って居る友達へ手紙を書くのと、こうして夕飯後に村を一周して来ることであった。彼は以上の事を殆ど毎日欠かさなかった。中にも手紙を書くのと散歩とは欠かさなかった。方々に居る友達へ順繰に書いた。大方端書であった。彼は誰にも彼にも［A］を訴えた。そして日々の出来事をどんなつまらぬ事でも書いた。［B］でも彼の手紙の材料となった。何にも書くことがなくなると、［C］を書いて送ることもあった。斯んなことをするのは一つは淋しい平凡な生活をまぎらすためでもあるが、どちらかと言えば友達からも毎日返事を貰いたかったからである。友達からも殆ど毎日消息があったが時には三日も五日も続いて来ないこともあった。そんな時には彼は堪らぬ程淋しがった。郵便は一日に一度午後の八時頃に配達して来るので彼は散歩から帰って来ると来ているのが常であった。彼は狭い村を彼方に一休み此方に一休みして、なるべく時間のかかる様にして周った。そして帰る時には誰からか手紙が来て居ればよい、いや D というー種の予望を無理にでも抱いて楽しみながら帰るのが常であった。

今夜も矢張(やはり)そうであった。

①家のものは今a蚊帳の中に入った所らしかった。b納戸の入口に洋灯(ランプ)が細くしてあった。

「もう寝たんですか。」

「寝たのでない、 E に立って居るのや。」と弟の浅七が洒落(しゃれ)をいった。

「起きとりゃ蚊が攻めるし、寝るより仕方がないわいの。」と母は蚊帳の中でc団扇をバタつかせて大きな欠伸をした。

恭三は自分の部屋へ行こうとして、

「手紙か何か来ませんでしたか。」と尋ねた。

「お、来とるぞ。」と恭三の父は鼻のつまった様な声で答えた。彼は今日笹屋の土蔵のd棟上に手伝ったので大分酔って居た。

手紙が来て居ると聞いて恭三は胸を躍らせた。

「えッ、どれッ!!」慌てて言って直ぐに又、「何処にありますか。」と努めて平気に言い直した。

「お前のとこへ来たのでない。」

「へえい……。」

急に張合が抜けて、恭三は F 広間に立って居た。一寸(ちょっと)間を置いて、

「家へ来たんですか。」

「おう。」

「何処から？」

「本家(おもや)の八重さのとこからと、清左衛門の弟様(おっさま)の所から。」と弟が G 答えた。

「一寸読んで見て呉(く)れ、別に用事はないのやろうけれど。」と父が H 言った。

「浅七、お前読まなんだのかい。」

恭三は I 言った。

「うむ、何も読まん。」

「何をへザモザ言うのやい。浅七が見たのなら、何もお前に読んで呉れと言わんない!!　あっさり読めば宜(よ)いのじゃないか。」

父親の調子は荒かった。

②恭三はハッとした。意外なことになったと思った。が妙な行きがかりで其儘(そのまま)あっさり読む気にはなれなかった。それで、

「何処にありますか。」と大抵其在所(ありか)が分って居たが J 尋ねた。

父は答えなかった。

「炉縁(ろぶち)の上に置いてあるわいの。浅七が蚊帳に入ってから来たもんじゃさかい、読まなんだのやわいの。邪魔でも一寸読んで呉んさい。」と母は優しく言った。

恭三は洋灯を明るくして台所へ行った。炉縁の角の所に端書と手紙とが載って居た。恭三は立膝のままでそれを手に取った。生温い灰の香が鼻についた。蚊が二三羽耳の傍で呻(うな)った。③恭三

は焦立った気持になった。呼吸がせわしくなって胸がつかえる様であった。腋の下に汗が出た。

先ず端書を読んだ。京都へ行って居る八重という本家の娘からの暑中見舞であった。手紙の方は村から一里余離れた富来町の清左衛門という呉服屋の次男で、つい先頃七尾の或る呉服屋へ養子に行った男から来たのであった。彼は養子に行く前には毎日此村へ呉服物の行商に来た男で、弟様といえば大抵誰にも通ずる程此村に出入して居た。恭三の家とは非常に懇意にして居たので、此処を宿にして毎日荷物を預けて置いて、朝来てはそれを担って売り歩いた。今度七尾へ養子に行ったのについて長々厄介になったという礼状を寄越したのであった。

恭三は両方共読み終えたが、不図した心のはずみで妙に間拍子が悪くなって、何でもない事であるのに、優しく説明して聞かせることが出来にくいような気持になった。で何か言われたら返事をする積りで煙草に火をつけた。

蚊が頻りに攻めて来た。恭三は大袈裟に、

「非道い蚊だな!」と言って足を叩いた。

「蚊が居って呉れねば、本当に極楽やれど。」と母は毎晩口癖の様に言うことを言った。

恭三は何時までも黙って居るので、父は、

「読んだかい?」

「え、読みました。」と明瞭と答えた。

「何と言うて来たかい。」

「別に何でもありません。八重さのは暑中見舞ですし、弟様のは礼状です。」

「それだけか?」

「え、それッ限です。」

「ふーむ。」

恭三の素気ない返事がひどく父の感情を害したらしい。それに今晩は酒が手伝って居る。それでも暫くの間は何とも言わなかった。やがてもう一度「ふーむ」といってそれから独言の様に「そうか、何ちゅうのー。」と不平らしく恨めし相に言った。

④恭三は父の心を察した。済まないとは思ったが、さて何とも言い様がなかった。

「もう宜い、もう宜い、お前に読んで貰わんわい、これから……。へむ、何だい。あんまり……。」

恭三はつとめて平気に、

「このお父さまは何を仰有るんです。何も別にそれより外のことはないのですよ。」

父は赫と怒った。

「馬鹿言えッ! それならお前に読うで貰わいでも、己りゃちゃんと知っとるわい。」

「でも一つは暑中見舞だし、一つは長々お世話になったという礼状ですもの。他に言い様がないじゃありませんか。」

「それだけなら、おりゃ字が読めんでも知っとるわい。先刻(さきがた)郵便が来たとき、何処から来たのかと郵便屋に尋ねたのじゃ、そしたら、八重さ所からと、弟様とこから来たのやと言うさかい、そんなら別に用事はないのや、ははん、八重さなら時候の挨拶やし、弟様なら礼手紙を*いくいたのやなちゅうこと位はちゃんと分っとるんじゃ。お前にそんなことを言うて貰う位なら何も読うで呉れと頼まんわい。」

「だって……」

「もう宜い、宜いとも！　明日の朝浅七に見て貰うさかい。さア寝て呉れ、大(でか)い御苦労でござった。」とKに言った。

こう言われると恭三も困った。黙って寝るわけにも行かぬし、そうかと言って屈従する程淡白でもなかった。ここで一寸気を変えて、「悪うございました。」と一言謝ってそして手紙を詳しく説明すれば、それで何の事もなく済んで了(しま)うのであることは恭三は百も承知して居たが、それを実行することが頗(すこぶ)る困難の様であった。妙な羽目に陥って蚊にさされながら暫くモジモジして居た。

「じゃどう言うたら宜いのですか？」と仕方なしに投げだす様に言った。

「己りゃ知らんない。お前の心に聞け！」

今まで黙って居た母親は此時始めて口を出した。

「もう相手にならんと、蚊が食うさかい、早う蚊帳へ入らっしゃい。お父さんは酔うとるもんで、又いつもの愚痴が始まったのやわいの。」

「何じゃ！　おれが酔うとる？　何処に己りゃ酔うて居るかいや。」

「そうじゃないかいね、お前様、そんなね酔うて愚痴を言うとるじゃないかね。」

「何時愚痴を言うたい？　これが愚痴かい。人に手紙を読うでやるのに、あんな読方が何処の国にあろい？」

「あれで分ってるでないかいね、執拗(しつこ)い！」

「擲(たた)きつけるぞ！　貴様までが……」と父は恐しい権幕になった。枕でも投げようとしたのか、浅七は、

「父様(とうと)何するがいね、危い。……この母様(かあか)また黙って居らっされかア。」と仲裁する様に言った。

「まるでおかしうなったようやが。」と母は稍々(やや)小さな声で言った。

奥の間の方から猫がニャンと泣いてのそのそやって来た。それで父親は益々癪(しゃく)に触ったと見えて、

「屁糞喰らえ！」と呶鳴(どな)りつけた。

⑤ 母と弟とはドッと笑い出した。恭三は黙って居った。猫は恭三の前に一寸立ち止って、もう一度ニャンと啼いてすとすとと庭に下りて行った。父親は独言の様に、

「己りゃこんな無学なもんじゃさかい、愚痴やも知れねど、手紙というものはそんなもんじゃないと思うのじゃ。同じ暑さ見舞でも種々書き様があろうがい。大変暑なったが、そちらも無事か私も息災に居る。暑いさかい身体を大切にせいとか何とか書いてあ

るじゃろうがい、それを只(た)だ一口に暑さ見舞じゃ礼手紙じゃと言うた丈(だけ)では、聞かして貰う者がそれで腹がふくれると思うかい。お前等みたいに字の読める者なら、それで宜いかも知れねどな、こんな字の読めん者には一々詳しく読んで聞かして呉れるもんじゃわい。」大分優しく意見する様に言った。

恭三も最早争うまいと思つたが。

「だってお父様、こんな拝啓とか頓首とかお定(きま)り文句ばかりですもの、いくら長々と書いてあっても何にも意味(わけ)のないことばかりですから、そんなことを一々説明してもお父様には分らんと思ってああ言ったのですよ。悪かったら御免下さい。」

「分らんさかい聞くのじゃないか。お前はそう言うがそりゃ［L］というものじゃ、六(むつ)かしい事は己等に分らんかも知れねど、それを一々、さあこう書いてある、ああ言うてあると歌でも読む様にして片端から読うで聞かして呉れりゃ嬉しいのじゃ。お前が他人に頼まれた時に、それで宜いと思うか考えて見い。無学な者ちゅう者は何にも分らんとって、一々聞きたがるもんじゃわい。分らいでも皆な読うで貰うと安心するというもんじゃわい。」と少し調子を変えて、「お前の所から来る手紙は、金を送って呉れって言うより外ね何もないのやれど、それでも一々浅七に初めから読ますのじゃ。それを聞いて己でも、お母さんでも心持よく思うのじゃ。」

「そりゃ私の手紙は＊言文(はなし)一致で、其儘誰が聞いても分る様に……」と皆まで言わぬ中(うち)に、「もう宜い!!」と父親は鋭く言い放った。そして其後何とも言わなかった。

恭三は⑥何とも言われぬ妙な気持になって尚(な)お暫くたって居たが、やがて黙って自分の部屋へ行った。

〈注〉いくいた —— 原形の「いくす」は「やる」「くれる」の方言。

言文一致 —— 書きことばと話しことばとを一致させること。また、話しことば体の文章。口語文。明治二十年ごろから一つの国語改良運動として進められ、成功した。その後、漸次普及し、第二次大戦後、公文書も口語体となり、現在では口語体に統一されている。

□問１　〰〰部ａ～ｄの読みをひらがなで書きなさい。

□問２　空欄［A］～［C］に入る最も適切な表現を次のうちからそれぞれ選び、記号で答えなさい。

ア　庭の裏手から沸々(ひひ)が柿を盗みに来たこと

イ　隣家の竹垣に蝸牛(かたつむり)が幾つ居たということ

ウ　テレビの芸能人の悪口みたいなもの

エ　端書に二字か三字の熟語の様なもの

オ　田舎生活の淋しい単調なこと

□問３　空欄［D］にふさわしい表現を自分で考え、十字以内で答えなさい。

□問４　——部①の場面について、この時点での登場人物四人と

「蚊帳」の位置がわかるように絵を描きなさい。ただし、真上からの視点では描かず、「蚊帳」の形状がはっきりわかるようにすること。

□問5 空欄 E に入る語を自分で考え、浅七の洒落が成り立つようにしなさい。

□問6 空欄 F ～ J に入る最も適切な語を次のうちからそれぞれ選び、記号で答えなさい。

ア 殊更に　イ 不平そうに　ウ やさしく
エ ぼんやり　オ 引き取って

□問7 ――部②から読み取ることができる恭三の気持ちはどのようなものか。最も適切なものを次のうちからそれぞれ選び、記号で答えなさい。

ア 特に用事のない手紙であることを知っていながら、なぜ父が自分に読めと言ってきたかわからなかった。
イ 普段は弟が読むことになっている父宛ての手紙を、まさか自分が読むとは思わなかった。
ウ 自分宛てではない手紙への関心のなさが露呈することで、父の機嫌をここまで損ねるとは思わなかった。
エ 父がだいぶ酔っていたので、冗談で手紙を読めと言っているのかと思い、まさか本気だとは思わなかった。
オ いつもは兄弟のいざこざに関わろうとしない父が、今日にかぎってなぜ介入してくるのかわからなかった。

□問8 ――部③について、なぜ恭三は身体的状況の変化までともなうような心理的動揺を示しているのか。その理由を直前の母のことばを踏まえて想像し、七十五字以内で答えなさい。ただし、文末は「～から」で終えるようにすること。

□問9 ――部④の「父の心」とはどのような心情か。次の空欄にあてはまる十五字以内の文章で答えなさい。

> 文字の読める息子に読んでもらい、手紙の内容について知ると同時に、［　　　］という心。

□問10 空欄 K に入る最も適切な語を次のうちから選び、記号で答えなさい。

ア 哀切　イ 皮肉　ウ 冷静
エ 快活　オ 満足

□問11 ――部⑤について、なぜ母と弟は笑ったのか。その理由を四十字以内で答えなさい。ただし、文末は「～から」で終えるようにすること。

□問12 空欄 L に入る最も適切な語を次のうちから選び、記号で答えなさい。

ア 勇み足　イ 忖度　ウ 早とちり
エ うぬぼれ　オ 負惜しみ

□問13 ――部⑥について、なぜ恭三はそのような気持ちになったのか。その理由を七十五字以内で答えなさい。ただし、文末は「～から」で終えるようにすること。

三　次の文章を読んで、あとの各問いに答えなさい。

鳥羽の法皇の御時、*待賢門院に、小大進と云ふ女房召し仕はれけり。御衣一重ね失せたりけるを、無き号負ひで、*①北野に七日参籠して、*起請を書きて、*失をまぼる程に、あやまちて*香水の水を打ちこぼしてければ、*仰せ付けられたる人、「これこそ失よ」と申しけるを、「あやまちは、世の常の事なり。これをば許し給へ」と、あながちに申しければ、②許してけり。さて紅の*薄様に書きて、③御宝前に奉る。

④思ひきや　なき名たつ身は　憂かりきと　荒人神に　成りし昔を

その夜、法皇の御夢に、やむごとなき老翁の、*束帯にて「御使者給はれ、目出たき事の候ふ、見せ参らせん。我は*北野右近馬場に候ふ者なり」と、仰せられけり。さて、急ぎ⑤御使者あり。この歌を見て奏しける程に、やがてその日、女院の御所にしきしまと云ふ*雑仕と、法師と二人、⑥かづきて師子舞をして、御衣を持ちて*狂ひ参りてけり。その後、小大進、召されけれども、「日来、心わろき者と思し召されてこそ、かかる心憂き事も侍れ」とて、*仁和寺に籠り居て⑦参らざりけり。

（「沙石集」による）

〈注〉
待賢門院――鳥羽天皇の中宮。藤原璋子。
北野――北野天満宮。菅原道真を祀る。
起請――自分の言動に嘘偽りがないことを神仏に誓約する文書。
失をまぼる――過失を犯さないように気をつける。
香水――神仏に供える浄水。
仰せ付けられたる人――小大進の監視役。
薄様――薄く漉いた鳥の子紙。
束帯――朝廷で着用する正装。
北野右近馬場――右近衛府に属する馬場。ここでは北野天満宮があった場所を指す。
雑仕――雑役をつとめる最下級の女官。着物の事件の犯人。
狂ひ――何かに取りつかれたように激しく舞うこと。
仁和寺――真言宗御室派の総本山。

□問１　――部①「北野」の神である菅原道真の詠んだ和歌を次のうちから選び、記号で答えなさい。

ア　人もをし　人も恨めし　あぢきなく　世を思ふゆゑに　物思ふ身は
イ　東風吹かば　にほひおこせよ　梅の花　主なしとて　春を忘るな
ウ　天の原　ふりさけ見れば　春日なる　三笠の山に　出でし月かも
エ　人はいさ　心も知らず　ふるさとは　花ぞむかしの　香ににほひける
オ　駒とめて　袖打ちはらふ　陰もなし　佐野のわたりの　雪の夕暮れ

□問２　――部②「許してけり」とはどういうことか。その説明として最も適当なものを次のうちから選び、記号で答えなさい。

ア　盗んだ着物を奪われ、評判が下がった後、二度と過ちは犯さぬと誓った小大進が、うかつにも香水をこぼしたのは、小事とは言え看過できぬと考えた監視役は、小大進を叱責したが、神に説得され小大進を許したということ。

イ　盗んだ着物を奪われ、謹慎中の小大進が香水をこぼしたのは、うかつだったと考えた監視役は、小大進の過失を責めたが、人間誰しも罪は犯すという小大進の開き直った発言に圧倒され、罪を許したということ。

ウ　小事とはいえ、神前で香水をこぼしたことも過失であり、看過できぬと考えた監視役は、小大進を責めたが、潔く罪を認めた上で、人間に罪はつきものだと言う小大進に納得し、罪を許してあげたということ。

エ　ささいな過失とは言え、香水をこぼすのは、小大進が犯人である証拠だと考えた監視役は、小大進を責めたが、人間に罪はつきものだから許してやれと、神からきつく言われたことで、小大進を許したということ。

オ　香水をこぼすという過失を犯すのは、着物を盗んだ犯人であることを物語ると考えた監視役は、小大進を責めたが、香水の件は許してほしいという小大進の強引な申し出に押し切られる形で、許してしまったということ。

□問３　――部③「御宝前」とは誰の御前を指すのか。その説明として最も適当なものを次のうちから選び、記号で答えなさい。

ア　鳥羽法皇の御前　　イ　待賢門院の御前

ウ　神の御前　　　　　エ　「やむごとなき老翁」の御前

オ　御使者の御前

□問４　――部④「思ひきや　なき名立つ身は　憂かりきと」の訳として最も適当なものを次のうちから選び、記号で答えなさい。

ア　根も葉もない評判が広がって辛かった過去を思いましたか

イ　悪い噂を流すものたちを憎んだ生前のことを思いましたか

ウ　物を無くして評判が下がったものの辛さは想像できましたか

エ　ささいな罪で過剰に責められるものの辛さは分かりましたか

オ　無実の罪を負わせたものを憎んだ過去を思い出しましたか

□問５　――部⑤「御使者」とは誰がどこへ派遣したものか。本文の言葉を用いて説明しなさい。

□問６　――部⑥「かづきて」とあるが、何をか。文中の言葉で答えなさい。

□問７　――部⑦「参らざりけり」とはどういうことか。その説明として最も適当なものを次のうちから選び、記号で答えなさい。

ア　法皇の夢に北野の神が現れたことと、神の力で犯人が着物を持ってきたことにより、小大進の罪は許されたが、自己の心の悪を許せない小大進は、再出仕を断ってしまったということ。

イ　法皇の夢に北野の神が現れたことと、神の力で犯人が着物を持ってきたことにより、小大進は呼び戻されたが、待賢門院によくは思われていないと考えた小大進が再出仕することはなかったということ。

ウ　法皇の夢に神の使者が現れたことと、神の使者に取りつかれた犯人が着物を持ってきたことで、小大進の嫌疑は晴れたが、待賢門院に疑われたことを恥じた小大進は出家したということ。

エ　法皇の夢に北野の神が現れたことと、神の使者に取りつかれた犯人が着物を持ってきたことで、小大進の罪は許されたものの、悪事を働いた自分を許せぬ小大進は、出家してしまったということ。

オ　法皇の夢に神の使いが現れたことと、神の力で犯人が着物を持ってきたことにより、小大進の無実が証明されたが、鳥羽院に心のよくないものと思われていたことを知った小大進は、出家したということ。

□問８　この説話の題名は、「神明、歌を感じて人を助け給ふ事」であるが、神が小大進を助けたのはなぜだと考えられるか。和歌の内容をふまえて説明しなさい。

第10回

出題の分類

一 論説文　二 小説　三 古文

※特別な指示がない限り、句読点や記号も一字とする。

▼解答・解説はP.158

時　間：50分
目標点数：80点

1回目	／100
2回目	／100
3回目	／100

一　次の文章を読んで、あとの各問いに答えなさい。

科学者は、自然が呈する謎を前にして、そのユライや仕組みを明らかにしようと挑戦し続ける。そして科学的興味を持つとその社会的意味を問うことなく、その謎の解決に夢中になってしまう。技術者の場合は、明らかになっている科学的原理や法則を使ってこれまでにない新しい人工物を製作し、生活や生産のために役立てたいと望む、といえようか。ともすると、それが人間に何をもたらすかはいったん脇において、ともかくも創造することに夢中になるのだ。

このように、科学者も技術者も、謎の解決や創造という目標のために、一切の利害や善悪を忘れて打ち込むという共通性がある。その場合、「世界初」とか「世界一」といった目標があれば、いっそう夢中になってセイリョクを傾注する。「世界初」「世界一」の勲章は科学者・技術者にとっては最高の誉れであり、何よりもそれを獲得することを望んでいるのである。マンハッタン計画*において、ナチスが原爆を開発していないことが明らかになって、もはや戦争の遂行において原爆開発の必要がないと判断できたにもかかわらず、科学者・技術者たちが完成まで作業の続行に固執し続けたのは、まさに「世界で最初の核エネルギーの解放」であったためといえる。

いわずもがなだが、軍事研究は、常に敵を凌駕する破壊力・殺傷能力・防御能力を持っている状態を継続するために行なうものである。そのためには、既存の武器や装備をより充実させるとともに、新しい原理や方式による武器や装備の開発、そして敵の攻撃を受けても被害をより少なくする防御手段の研究が欠かせない。現在は、前者にはロボットやナノテクノロジー*を利用した兵器や海中を自由走行できる無人兵器、後者にはレーダー光を完全反射する表面素材や軽量だが強い剛性の金属素材などの開発が焦点だろう。これら世界でまだ誰も作ったことがない装備を、世界に先駆けて開発することが目標になる。つまり、技術者として「世界初」に常に挑み続けるのだ。

さらに、そこから民生利用*へのスピンオフ*が起これば、起業して収益を挙げることも可能である。一般に軍事開発された技術は秘密とされて特許*の対象にならないから、最初は独占的に商売できることもある。アメリカの大企業のほとんど、たとえば化学企業のデュポンやダウ・ケミカル、自動車のGM（ゼネラルモーターズ）やフォード、電気製品のGE（ゼネラルエレクトリック）やWH（ウェスチングハウス）などは、軍需で技術開発を行なって大儲けした後、それをスピンオフして民生品とし、大量生産によってさらに大儲けした結果、多国籍企業にまで成長した。企業にとって軍事開発は、ビジネスを拡大するチャンスとなることは明らかである。それはまさに軍事研究が常に「世界初」を目指しているためで、それが科学者・技術者が軍事研究を行う大きな魅力となっている。③「軍事開発は発明の母」といわれる一つの理由もここにあるといえそうである。

新しい原理に基づいた装備を開発したり、先端技術を応用した新規の武器を工夫したりするためには、膨大な開発費用がかかる。しかし、常に少しでも敵を上回る装備を整えておきたい軍は、可能性が見えれば、その開発経費を値切ることはない。さらに軍は、絶えず敵の攻撃の危険性を言い立て、「ミサイルギャップ（敵のミサイルの後れを取っている）」との宣伝をして、軍事体制を絶えず「近代化」するよう圧力をかける。

こうして「軍拡競争は、［A］、［B］エスカレートする」のである。その背景には、軍事資金の大盤振る舞いがあることは明らかだろう。

研究者にとって軍事研究の最大の魅力は、研究資金（資材や人材の補給も含め）が豊かであることだ。どのような形であれ研究予算が欲しいというのが科学者の本音だから、研究予算で釣られれば簡単に軍事研究に飛びつくことになる。第二次世界大戦中に多くの研究者が科学動員を受け入れたのは研究費を稼ぐためであったし、研究者のアンケートで「研究の自由がもっとも実現されていたのは、第二次世界大戦中であった」という回答が最も多かったのも、軍からの研究費が潤沢に使えたためであろう。研究費が多ければ研究の自由度も大きいと感じられるのだ。

現在、国立大学では経常研究費がスズメの涙ほどの少額になっているし、国立の研究機関では大型プロジェクトには潤沢に金が付くが、自由な研究に使える小口の研究費に不足する状態になっている。競争的資金に応募してもほとんど採択されない研究者にとって、防衛省のファンディング制度*は助け船と感じられるのかもしれない。しかし、この制度は研究者を救うためではなく、軍事研究に引っ張り込むために創設されたことを忘れるべきではない。これは研究者に課せられた④「経済的徴兵制」なのである。

⑤企業にとっては、軍事開発は実にありがたい資金源となる。軍事開発という名目で初期投資を軍に肩代わりさせられるから、採算を考えず新製品の開発ができるし、成功すれば軍需品生産のための設備投資だって期待できるからだ。企業は軍に寄生することで、膨大な投資が節約できるのだ。さらにスピンオフに成功すれば、独占的に商売ができるし、軍需製品を輸出すればいっそう大

儲けができる。日本がアメリカから高い装備を買わされているように、軍需品は売り手市場であるからだ。軍に金を出させて開発し、製品を独占的に販売する、こんないい商売はないだろう。軍産複合体が強固に存在し続けられるのは、このような儲ける手口が豊富にあるからで、企業も研究者もその魅力から離れられないのは明らかである。

　科学者が軍事研究に魅力を感じるもう一点は、科学を発展させることができると思い込めることである。ドイツの科学シジョウ主義でも、また先の国公労連*のアンケートにもあったのだが、軍からの金によって科学が発展するかのように捉えている研究者が多いのだ。防衛省は軍の装備開発のために資金を提供するのであって、科学の発展のために金を出すわけではないことは自明なのに、なぜそのように考えるのだろうか。防衛省の資金が潤沢に使えることのみに目が眩んでいるためとしか思えない。

　科学の発展が第一で、そのために援助してくれるものは何であれ歓迎するとの意識なのかもしれない。軍事技術の開発であっても、「世界初」の要素が少しでもあれば、予算も豊富に使えることもあって受け入れよう、ということなのだろう。しかし、よくよく考えてみれば、単に科学者のエリート意識が逆手に取られ、⑥科学者のひとり合点を巧く利用されているだけなのではないだろうか。私たちは日ごろ貧しいから、少しでも金が使えそうであると、何でもできるかのような幻想(錯覚)を持つものなのである。これが「研究費の高さ=研究の自由」と考える原因といえそうである。

(池内了「科学者と戦争」による)

〈注〉マンハッタン計画——第二次世界大戦中にアメリカで進められた、原子爆弾製造計画。

ナノテクノロジー——十億分の一メートル単位で、個々の分子や原子を操作する技術。

民生——人々の生活。

スピンオフ——転用。

特許——新しい技術を公開する見返りに、発明者の権利を一定期間保護する制度。

ファンディング——資金提供。

国公労連——国家公務員労働組合連合会の略。

□問1　——部①「その社会的意味を問うことなく」とほぼ同じ意味の表現を、本文中から十五字以内で抜き出しなさい。

□問2　——部②「前者」の指す事柄を、本文中から二十字以内で抜き出し、始めと終わりの五字ずつを答えなさい。

□問3　——部③「軍事開発は発明の母」とはどういうことか。その説明として最も適切なものを次のうちから選び、記号で答えなさい。

ア　軍事開発で大儲けした企業の経済的な協力によって、科学者・技術者が研究しやすい環境が作られるため、「世界初」の発明が期待できるということ。

イ　軍事開発では軍や企業と連携して研究できるため、科学者・技術者にとっては「世界初」の発明という名誉を得るチャンスが拡大するということ。

ウ　軍事開発は「世界初」の装備の開発が目標となるため、科学者・技術者が夢中になって研究に取り組み、新しい発明が生まれやすいということ。

エ　軍事開発が目指す「世界初」に魅力を感じた科学者・技術者が集合するため、充実した研究体制が整い、発明の母体になるということ。

□問4　空欄［A］、［B］にあてはまる語句として最も適切なものを次のうちからそれぞれ選び、記号で答えなさい。

［A］
ア　知らぬ間に
イ　必然的に
ウ　徐々に
エ　突然に

［B］
ア　思いがけなく
イ　意味もなく
ウ　問題なく
エ　限りなく

□問5　――部④「経済的徴兵制」とはどういうことか説明しなさい。

□問6　――部⑤「企業にとっては、軍事開発は実にありがたい資金源となる」とあるが、それはなぜか。その理由として**適切でない**ものを次のうちから一つ選び、記号で答えなさい。

ア　軍の開発した技術を利用することで、初期投資を肩代わりさせることができるから。

イ　成功すれば、軍需品生産のために軍が設備投資してくれることを期待できるから。

ウ　軍事技術を民生利用すれば、非公開の技術を用いて独占的に製品を販売できるから。

エ　軍需品は供給に対して需要が多く、高い金額で海外に輸出することができるから。

□問7　――部⑥「科学者のひとり合点」とあるが、何が「科学者のひとり合点」なのか説明しなさい。

□問8　＝＝部a～cのカタカナを漢字に直しなさい。

二　次の文章を読んで、あとの各問いに答えなさい。なお、文章中の〔＝　〕は出題者による注である。

青年の時は、だれでもつまらないことに熱情をもつものだ。

その頃、地方のある高等学校に居た私は、毎年初夏の季節になると、きまって一つの熱情にとりつかれた。それは何でもないつまらぬことで、ある私の好きな夏帽子を、被ってみたいという願いである。その好きな帽子というのはパナマ帽〔＝パナマ草の葉で作られた夏用の帽子〕でもなくタスカン〔＝イタリアのトスカーナ地方で作られた麦わら帽子〕でもなく、あの海老茶色のリボンを巻いた、一高〔＝全国からの優秀な学生が集まった旧制の第一高等学校〕の夏帽子だったのだ。

どうしてそんなにまで、あの学生帽子が好きだったのか、自分ながらよく解らない。多分私は、その頃愛読した森鷗外氏の『青年』や、夏目漱石氏の学生小説などから一高の学生たちを連想し、それが初夏の青葉の中で、上野の森などを散歩している、彼等の夏帽子を表象〔＝イメージ〕させ、連想心理に結合した為であろう。

　とにかく私は、あの海老茶色のリボンを考え、その書生帽子〔＝学生のかぶる帽子〕を思うだけでも、ふしぎになつかしい独逸の戯曲、アルト・ハイデルベルヒ〔＝王子の学生生活と恋愛を描いた作品〕を連想して、夏の青葉にそよいでくる海の郷愁を感じたりした。

　その頃私の居た地方の高等学校では、真紅色のリボンに二本の白線を入れた帽子を、一高に準じて制定して居た。私はそれがいやだったので、白線の上に赤インキを塗りつけたり、真紅色の上に紫絵具をこすったりして、無理に一高の帽子に紛らして居た。だがとうとう、熱情が押さえがたくなって来たので、ある夏の休暇に上京して、本郷の帽子屋から、一高の制定帽子を買ってしまった。

　しかしそれを買った後では、つまらない悔恨にくやまされた。そんなものを買ったところで、実際の一高生徒でもない自分が、まさか気恥ずかしく、被って歩くわけにも行かなかったから。

　私は人の居ないところで、どこか内証に帽子を被り、鷗外博士の『青年』やハイデルベルヒを連想しつつ、自分がその主人公であるごとく、空想裡の悦楽に耽りたいと考えた。その強い欲情は、どうしても押さえることができなかった。そこで、ある夏、七月の休暇になると同時に、ひそかに帽子を行李〔＝旅行かばん〕に入れて、日光の山奥にある中禅寺の避暑地へ行った。もちろん宿屋は、湖畔のレーキホテルを選定した。それは私の空想裡に住む人物としても、当然選定さるべきの旅館であった。

　ある日私は、付近の小さな滝を見ようとして、一人で夏の山道を登って行った。七月初旬の日光は、青葉の葉影で明るくきらきらと輝いて居た。

　私は宿を出る時から、思い切って行李の中の帽子を被って居た。こんな寂しい山道では、もちろんだれも見る人がなく、気恥ずかしい思いなしに、勝手な空想に耽れると思ったからだ。夏の山道には、いろいろな白い花が咲いて居た。私は書生袴に帽子を被り、汗ばんだ皮膚を感じながら、それでも右の肩を高く怒らし、独逸学生の青春気質を表象する、あの浪漫的の豪壮を感じつつ歩いて居た。懐中には丸善で買ったばかりの、なつかしいハイネの詩集が入って居た。その詩集は索引の鉛筆で汚されており、所々に凋れた草花などが押されて居た。

　山道の行きつめた崖を曲がった時に、ふと私の前に歩いて行く、二個の明るいパラソルを見た。たしかに姉妹であるところの、美しく若い娘であった。私は何の理由もなく、[1]急に足がすくむような羞しさと、一人で居るきまりの悪さを感じたので、歩調を早めながら、わざと彼等の方を見ないようにし、特別にまた肩を怒らして追いぬけた。どんな私の様子からも、彼等に対して無関心で居ることを装おうとして、無理な努力から固くなって居た。そのくせ内心では、こうした人気のない山道で、美しい娘等と道づれになり、一口でも言葉を交わせられることの悦(よろこ)びを心に感じ、空想の有り得べき幸福の中でもじもじしながら。

　私は女等を追い越しながら、こんな絶好の場合に際して機会(チャンス)を捕らえなかったことの愚を心に悔いた。

　だが丁度(ちょうど)その時、偶然のうまい機会が来た。私が汗をぬぐおうとして、ハンケチで額の上をふいた時に、帽子が頭からすべり落ちた。それは輪のように転がって行って、すぐ五六歩後から歩いて来る、女たちの足許(もと)に止まった。若い方の娘が、すぐそれを拾ってくれた。彼女は恥じる様子もなく、快活に私の方へ走って来た。

「どうも……どうも、ありがとう。」

　私はどぎまぎしながら、やっと口の中で礼を言った。そして急いで帽子を被り、逃げ出すようにすたすたと歩き出した。宇宙が真赤に回転して、どうすれば好(よ)いか解らなかった。ただ足だけが機械的に運動して、むやみに速足で前へ進んだ。

　だがすぐ後ろの方から、女の呼びかけてくる声を聞いた。

「あの、おたずね致しますが……」

　それは姉の方の娘であった。彼女はたしかに、私よりも一つ二つ年上に見え、怜悧(れいり)な[＝利口そうな]美しい瞳(め)をした女であった。

「滝の方へ行くのは、この道で好いのでしょうか?」

　そう言って慣れ慣れしく微笑した。

「はあ！」

　私は窮屈に四角ばって、兵隊のような返事をした。女は暫(しばら)く、じっと私の顔を眺めていたが、やがて世慣れた調子で話しかけた。

「失礼ですが、あなた一高のお方ですね?」

　私は一寸(ちょっと)返事に困った。

「いいえ」という否定の言葉が、直ちに瞬間に口に浮かんだ。けれども次の瞬間には、帽子のことが頭に浮かんで、どきりと冷や汗を流してしまった。私は考える余裕もなく、混乱して曖昧の返事をした。

「はあ！」

「すると貴方(あなた)は……」

　女は浴びせかけるように質問した。

「秋元子爵(ししゃく)[＝当時の貴族階級のひとつ]の御子息ですね。私よく知って居ますわ。」

　私は今度こそ大きな声で、はっきりと返事をした。

「いいえ。ちがいます。」

　けれども女は、尚(なお)疑い深そうに私を見つめた。[2]ある理由の知れないはにかみと、不安な懸念(けねん)とにせき立てられて、私は女づれを後に残し、速足でずんずんと先に行ってしまった。

　私がホテルに帰った時、偶然にもその娘等が、隣室の客であることを発見した。彼等はその年老いた母と一緒に、三人で此処(ここ)に来て居た。いろいろな反復する機会からして、避けがたく私はその女づれと懇意になった。遂(つい)には姉娘と私だけで、森の中を散歩するような仲にもなった。その年上の女は、明らかに私に恋をして居た。彼女はいつも、私のことを『若様』と呼んだ。

私は最初、女の無邪気な意地悪から、悪戯（いたずら）に言うのだと思ったので、故意（わざ）と勿体（もったい）ぶった様子などして、さも貴族らしく返事をした。だがある時、彼女は真面目になって話をした。ずっと前から、自分は一高の運動会やその他の機会で、秋元子爵の令息をよく知ってること。そして私こそ、たしかにその当人にちがいなく、どんなにしらばくれて隠していても、自分には解ってるということを、女の強い確信で主張した。

その強い確信は、私のどんな弁駁（べんばく）［＝弁解や反論］でも、撤回させることができなかった。しまいには仕方がなく、私の方でも好加減（いいかげん）に、華族の息子としてふるまって居た。

最後の日が迫って来た。

かなかな蟬（せみ）の鳴いてる森の小路（こみち）で、夏の夕景を背に浴びながら、女はそっと私に近づき、胸の秘密を打ち明けようとする様子が見えた。私はその長い前から、自分を偽っている苦悩に耐えなくなってた。自分は一高の生徒でもなく、いわんや貴族の息子でもない。それに図々（ずうずう）しく制帽を被り、好（い）い気になって『若様』と呼ばれて居る。どんなに弁護して考えても、私は不良少年の典型であり、彼等と同じ行為をしているのである。

私は悔恨に耐えなくなった。そして一夜の中（うち）に行李を調（ととの）え、出発しようと考えた。

翌朝早く、私は裏山へ一人で登った。そこには夏草が繁っており、油蟬が木立（こだち）に鳴いて居た。私は包みから帽子を出し、双手に握ってむしり切った。

麦藁（わら）のべりべりと裂ける音が、不思議に悲しく胸に迫った。[3]その海老茶色のリボンでさえも、地面の泥にまみれ、私の下駄（げた）に踏みつけられていた。

（萩原朔太郎「夏帽子」による）

□問１　――部１「急に足がすくむような羞しさ」とあるが、それまでの「私」はどのような心情であったか、説明しなさい。

問２　――部２「ある理由の知れないはにかみと、不安な懸念」について、次の各問いに答えなさい。

□（1）「ある理由の知れないはにかみ」とはどのような心情によるものだと考えられるか、説明しなさい。

□（2）「不安な懸念」とはどのような心情か、説明しなさい。

□問３　――部３「その海老茶色のリボンでさえも、地面の泥にまみれ、私の下駄に踏みつけられていた」とあるが、この描写から感じられる「私」の心情を説明しなさい。

三 次の文章は、「人の怒りや恨みによって炎が燃え上がるという例が仏教の教えにも多い。しかし実際に自分の目で見ないことにはそんなことが本当にあるのか疑わしいものだ」という作者の主張の後に続く文章である。これを読んで、あとの各問いに答えなさい。なお、表記は一部改めた。

これとひとつ事に思ひしは、人毎に人玉といふものの有るよしを、歴々の人、歴然のやうにのたまへども、[1]しかと肯けがたく候ひしか。北国の人申されしは、[2]越中の大津の城とやらむを、*佐々内蔵介、攻め申され、[ア]城にも強く防ぐといへども、[イ]多勢の寄せて手痛く攻め申さるる[A]ほどに、城中弱りて、すでにはや明日は討死せんと、おひおひ暇乞ひしければ、[3]女わらんべ泣き悲しむ事たぐひなし。まことに哀れに見えはんべりし。かかる[B]ほどにすでにはや日も暮れかかりぬれば、[A]*天目ほどなる光り玉、いくらといふ数かぎりもなく、飛び出でける[C]ほどに、[ウ]寄せ衆、これを見て、「すはや城中は死用意しけるぞや。あの人玉の出づる事をみよ」とて、我もわれもと見物したりけり。

かかるによりて、降参して城をわたし、一命をなだめ候ふやうにと、さまざま[4]扱ひを入れられければ、内蔵介、[5]此の義に同じて、事、調のふたり。「さては」とて、[エ]上下喜ぶ事かぎりなし。かくて[6]その日も暮れければ、昨日飛びし人玉、又ことごとく何処よりかは出でけん、城中さして飛びもどりけり。これを見る人幾許といふ[B]を知らず。不思議なることどもなり。(『義残後覚』による)

〈注〉佐々内蔵介――越中を領国とした武将、佐々成政。
天目――天目茶碗。茶の湯茶碗の一種。

□問1 ――部1「しかと肯けがたく候ひしか」の意味として最もふさわしいものを次のうちから選び、記号で答えなさい。

ア はっきりと是正すべきだと誰もが皆思っていた。
イ はっきりとは受け入れにくいと作者は思っていた。
ウ はっきりとは認めがたいと大勢の人が思っていた。
エ はっきりと見た話があったと書き手は思っていた。
オ はっきりと聞いたことはないと各時代の人が思っていた。

□問2 ――部2「越中」は現在の何県にあたるか。正しいものを次のうちから選び、記号で答えなさい。

ア 滋賀県　イ 福井県　ウ 石川県
エ 富山県　オ 新潟県

□問3 ＝＝部A～Cの「ほどに」の意味の説明として最もふさわしいものを次のうちから選び、記号で答えなさい。

ア Aは「～するうちに」の意味で、B・Cは「～ので」の意味である。
イ A・Bは「～ので」の意味で、Cは「～するうちに」の意味である。
ウ A・Cは「～ので」の意味で、Bは「～するうちに」の意味である。
エ A・Cは「～するうちに」の意味で、Bは「～ので」の意味である。

オ　A・B・Cはすべて「〜ので」の意味である。

□問4 ——部3「女わらんべ泣き悲しむ事たぐひなし」とあるが、そのようになったのはなぜか。その説明として最もふさわしいものを次のうちから選び、記号で答えなさい。

ア　戦況から見て、討ち死にの前に女性たちを逃がそうと、男たちから離婚の申し出があったから。

イ　戦況から見て、明日には討ち死にをしようと、男たちが次々に死にゆくあいさつをしたから。

ウ　時勢から考えて、戦争回避のために城全体を弱く見せねばならないのが悔しかったから。

エ　時勢から考えて、北国では大規模な戦闘が起こるかもしれないと誰もが考えたから。

オ　時勢から考えて、戦争は避けられないので女たちを田舎に逃がすことにしたから。

□問5 A に入る語として最もふさわしいものを次のうちから選び、記号で答えなさい。

ア　城外にて　イ　城外の　ウ　城中へ

エ　城中や　オ　城中より

□問6 ——部4「扱ひ」とはどのようなことを指したものか。その内容として最もふさわしいものを次のうちから選び、記号で答えなさい。

ア　降参する代わりに命は助けてもらうという条件交渉

イ　降参するにあたり事前連絡する際の情報の取り扱い

ウ　降参の前に女子供の命を助けてもらうための嘆願書

エ　降参に際して命を捨てることを約束した誓約書

オ　降参の見返りとして差し出す土地の権利書

□問7 ——部5「此の義に同じて、事、調のふたり」の現代語訳として最もふさわしいものを次のうちから選び、記号で答えなさい。

ア　この教義を参考にして、事情の整合性を確認した

イ　この規則と同様に、事件の前後関係を整えた

ウ　この義理を励みとして、事件の調査をした

エ　この内容に同意して、調停が成立した

オ　この義心に同調して、仕事を納めた

□問8 ——部ア〜エについて、「佐々内蔵介方」と「佐々内蔵介の敵方」のどちらにあたるかを考え、「佐々内蔵介の敵方」をすべて選び、記号で答えなさい。

□問9 ——部6「昨日飛びし人玉、又ことごとく何処よりかは出でけん、城中さして飛びもどりけり」の説明として最もふさわしいものを次のうちから選び、記号で答えなさい。

ア　昨日は死ぬ覚悟を決めていたため、それぞれの祖先の霊魂が死後の世界から迎えに出てくれていたが、自決はしないと人々が意見を変えたため、祖先の霊魂もまた死後の世界に戻っていった。

イ　昨日は死ぬ覚悟もできていなかったため、恨みの炎である人魂が敵陣に飛び出して恨み言を言いにいったが、もう自決の覚悟も固まったため人魂は潔くそれぞれの人間の中に戻っていった。

ウ　昨日は死ぬ準備をしたため、人間が持っている命の証である人魂が各々から飛び出していったが、自決をしないことになったので、またそれぞれの人間の中に戻っていった。

エ　昨日は生き恥をさらすまいと意志を固めていたため、人間の誇りの炎である人魂もひときわ輝いて出ていったが、この世への未練が生じたために、人魂も輝きを失ってそれぞれの人間の中に戻っていった。

オ　昨日は討ち死にをした人が多かったため、霊魂は死後の世界へ飛び出していったが、討ち死にを免(まぬか)れようとした人もいたことを死後に知り、裏切られた思いで死後の世界から霊魂を飛ばしてきた。

□問10　B に入る語を文中から漢字一字で抜き出しなさい。

□問11　この作品は、文禄年間(一五九二～九六)に成立したものであるが、この直後の江戸時代に成立した作品としてふさわしくないものを次のうちから一つ選び、記号で答えなさい。

ア　日本永代蔵　　イ　国性爺(こくせんや)合戦
ウ　雨月物語　　エ　源氏物語玉の小櫛(おぐし)
オ　戯作三昧(げさくざんまい)　　カ　南総里見八犬伝

解答

一 問1 ⓐ 不得手 ⓑ 臨 ⓒ 直 ⓓ 高次
ⓔ とうしゅう 問2 危うき 問3 オ
問4 ひとつのこ 問5 ア 問6 イ
問7 ウ 問8 ア

二 問1 Ⅰ ア Ⅱ エ Ⅲ オ Ⅳ ウ
問2 (1) 6 (2) 2 問3 A イ B オ
問4 ウ・エ 問5 (例) 危ぶみながら傾斜を下りて行くうちに、いよいよ危険な事態に陥り、身の危険を切実に感じたから。 問6 もし止まる～なかった。
問7 (例) 笑われてもいいから誰かに見てほしい。(18字)
問8 飛び下りる心構え
問9 (例) 危険だと知りながら、自分から進んでそちらへ行こうとすること。(30字) 問10 ア

三 問1 ウ 問2 (読み方) さつき (季節) 夏
問3 エ 問4 (例) (売主が人を)だます(という意味と、牛が人を)角で突く(という意味。)

配点 一 問1 各2点×5 問2～問4 各3点×3
他 各4点×4
二 問1・問2 各2点×6 問3・問4・問8 各3点×5
問7・問9 各5点×2 他 各4点×3
三 問4 4点(完答) 他 各3点×4
計100点

解説

一 (論説文―大意・要旨、内容吟味、文脈把握、脱文・脱語補充、漢字の読み書き、ことわざ・慣用句)

問1 ⓐ 「得手」は、得意とすること。「得」の訓読みは「え(る)」「う(る)」。
ⓑ 音読みは「リン」で、「臨場」「君臨」などの熟語がある。
ⓒ 「直」の音読みは「チョク」「ジキ」で、「率直」「直訴」などの熟語がある。
ⓓ 程度や水準が高いこと。次元が高い、と考える。対義語は「低次」。
ⓔ 前の人のやり方をそのまま受け継ぐこと。「襲」の訓読みは「おそ(う)」。

問2 立派な人は身をつつしみ危険な所には近づかない、という意味のことわざになる。

問3 **X** 同じ段落の、「この世に全く同じものが二つない」ので、「それをあらわそうとする表現も、厳密には同じものが二つあってはならないという考え方」は、道理がかなっている。道理や論理にかなっていることを意味する語があてはまる。直後の文に「こういう公式的理屈」とあるのもヒントになる。

Y 直前の、「比喩が軽んじられる」理由を考える。直後の文以降

「リアリズムが尊重される現代、比喩が巧みであることは名誉ではない。……写実的描写にこそ優れていなくてはならない。比喩はせいぜい描写に色どりを添える飾りくらい」に着目する。「比喩」は、「リアリズムが尊重される現代」において、「リアリズム」、つまり「写実」とまったく違った「基盤に立っている」とわかる。二つのものの違いが際立つ様子を表す意味の語があてはまる。

問4　言語表現が可能であるという内容が述べられている部分を探す。「われわれの……」で始まる段落に「ひとつのことばがややあいまいにいくつかのことを表現することができるからこそ、言語表現ということ自体が可能なのである」とあり、この文の前半部分で理由が説明されている。

問5　同じ段落の最後で、「想像力の中心部から遠く外れたところでとらえられた個性的表現であるために、どれほどありのままに描かれても、いやむしろ、ありのままが描かれれば描かれるほど、かえって難解なものに感じられるということが起る」と説明されている。

問6　同じ段落で、「たとえば」を用いる場合について、「具体的例を引き合いに出」す場合と、「直接関係はないがパラレルな具体例の力をかりて、一挙に対象を解明する」場合の二つを挙げており、――部Cの「比喩的説明法」は後者にあたる。したがって、具体的な例を挙げていないにもかかわらず一挙に対象のイメージが理解されるものを選ぶ。

問7　筆者は、「真の比喩」には「超論理という合理的必然」があると述べている。直前の文「真の比喩は、二つのものを放電現象に相当するような方法で結合している」とは、どういうことかを考える。同じ段落の「写実では、対象の描写において大きな省略や飛躍ということは許されない。……ところが、比喩においては、対象をそれと直接には関係のないものをかりて解明しようとするのであるから、リアリズム的論理の鎖は断ち切られないわけにはいかない。飛躍は必然的である」という説明に着目する。

問8　最終段落の「写実が精緻になればなるほど、それと対照的な比喩的表現も洗練されなくてはならない。両者は二者択一の関係にあるのではなく、車の両輪のように相互補償的関係にある」という部分から理由を読み取る。「比喩的表現」と「写実」が補い合う関係であることが述べられているアが適切。

二　（小説―情景・心情、文脈把握、脱文・脱語補充、語句の意味、品詞・用法）

問1　Ⅰ　後の「ちがいない」には、推測の実現性が高いという意味を表す語が呼応する。

Ⅱ　後に「なっていなかった」とある。その時点で実現していないという意味を表す語を入れる。

Ⅲ　前後の「またずるずる滑って行った。……身体は止った」というのであるから、長い時間がかかったあとようやく実現したという意味を表す語を入れる。

Ⅳ　後に「どこにもなかった」とある。完全な否定の意味を表す語を入れる。

問2　(1)　「書か／ね／ば／い／られ／ない」と6語に分けられる。

(2)　「用言」は、動詞、形容詞、形容動詞。「書く」という動詞の未然形「書か」と、「いる」という動詞の未然形「い」が、「用言」となる。

問3　A　「とたん」と読み、ある事が行われたその瞬間という意味。前の「滑って転ぶにちがいないと思った」、後の「自分は足を滑らした」という文脈からも、意味を判断することができる。

B　漢字で書くと「呆気ない」で、期待外れでもの足りないという意味。前の、「どこかで見ていた人はなかったか」と思っていたのに「人影はなかった」ときの心情である。

問4　本文前の設問文に、「主人公は……いつもと違う道を選んで新鮮な気持ちになった」とある。したがって、「通ったことのある近道」とあるウ、「慣れた道だから」とあるエは適切でない。

問5　同じ段落に「本気にはなっていなかった」とあるが、その後「起きあがろうとすると、力を入れた足がまたずるずる滑って行った。今度は片肱をつき、尻餅をつき、背中まで地面につけて、……止った所はもう一つの傾斜へ続く」と、主人公が危険な状態に陥っていく様子が描かれている。主人公が、身の危険を感じるようになるにつれ切実な焦りを感じたからだとまとめる。

問6　主人公が感じた「危険」について、直前の段落の最後に「非常な速さでその危険が頭に映じた」とあり、この「危険」の内容を具体的に述べられている部分を、指定字数をヒントに探す。同じ直前の段落に「もし止まる余裕がなかったら惰力で自分は石垣から飛び下りなければならなかった。しかし飛び下りるあたりに石があるか、材木があるか、それはその石垣の出っ鼻まで行かねば知ることが出来なかった。(92字)」とあり、この部分を抜き出す。

問7　同じ段落で「嘲笑ってもいい、誰かが自分の今したことを見ていてくれたらと思った」と、主人公の「そのときの気持ち」が述べられている。指定字数に合うように簡潔にまとめる。

問8　「心構え」について、直前の段落に「飛び下りる心構え」とあるのに着目する。

問9　直前に「どうして引き返そうとはしなかったのか。魅せられたように滑って来た自分が恐ろしかった」とある。主人公が危険だと知りながら、魅せられたように自分から危険に向かって行った様子を、「破滅というものの一つの姿」と表現している。

問10　「滑った……」で始まる段落「滑ったという今の出来事がなにか夢の中の出来事だったような気がした。……そんなことは起りはしなかったと否定するものがあれば自分も信じてしまいそうな気がした」から、主人公は自分が崖を滑ったことは現実味に欠ける出来事だったと感じていたことが読み取れる。しかし、靴の中に入っていた「泥の固り」によって、確かに体験したことだと主人公は実感したのである。この内容を述べているアが適切。

三

(古文―内容吟味、文脈把握、脱文・脱語補充)

〈口語訳〉　今は昔、ある人が牛を売っていたところ、買主が言うには、「この牛は、力も強く病気もないか」と言うので、売主が答えて言うには、「いかにも力が強く、しかも丈夫(な牛)だ。大坂の陣でいえば真田幸村(のようなもの)だと思え」と言う。「それならば」と言って(買主はその牛を)買い取る。五月になって、(買主が)この牛に犂をかけて田畑を耕させようとしたところ、全く(力が)弱くて田畑も耕さず、犂は一歩も引かない。どうかすると人を見ては走り出して、角で、突こう突こうとするので、「何の役にも立たない牛だ。いやはや(あの売主は)憎らしいでたらめを言って(私にこの牛を)買わせたのだな。大坂の陣でいえば真田幸村だと言っていたから、さぞかし強いだろうと思っていたら、犂は一歩も引かず、そのくせ人を見ると(角で)突こうとする」と腹を立てている。ある時その売主に会って、「お前はいいかげんな嘘をついて、人をだまして人を(角で)突いて、犂を引かない牛を、真田幸村だと言って売りつけなさったな」と言うと、売主が答えて言うには、「そうだろう。犂は一歩も引かないだろう。人を見ると突こうとすることも本当であろう。だからこそ真田幸村だと申したのだ。大坂の陣で真田幸村は、たびたび突き進みはしても、一歩も引いたことはなかった。その牛も(犂は一歩も)引かないから真田幸村なのだ」と言った。

問１　「『さらば』」は前の発言の内容を受け、それならば、という意味を表す。前の「『中々力の強く、しかも息災な。大坂陣では佐奈田ぢやと思へ』」という売主の言葉を信じて、買主は牛を買い取ったのである。

問２　読みは「さつき」で、「皐月」とも表記する。月の異名は、一月から順に、睦月(むつき)、如月(きさらぎ)、弥生(やよい)、卯月(うづき)、皐月(さつき)、水無月(みなづき)、文月(ふみづき)、葉月(はづき)、長月(ながつき)、神無月(かんなづき)、霜月(しもつき)、師走(しわす)。

問３　□を含む会話は、売主が牛を真田幸村のようだとした理由を述べている部分である。大坂の陣で一歩も引かなかったという真田幸村の戦いぶりと、犂を一歩も引かないという牛の働きぶりとを重ねている。真田幸村と牛に共通する、引かないことを意味する言葉があてはまる。

問４　直前の「嘘をついて」から、人をだます、という意味がある。また、前に牛を「人を見てはかけんとする」とあることから、人を角で突くという意味もかけられているとわかる。

解答

一

問1 a ゆいいつ　b 気候　c 熟　d ともな
e 資源　問2 エ　問3 Ⅰ 種子を残す
Ⅱ 短期間　問4 i ウ　ii イ　iii ア
問5 (例) 種分化に至る進化の過程を実際に見て確認できないということ。(29字)
問6 (例) 繁殖分配率を環境によって変える(15字)
問7 (例) 雑草は、条件に応じてベストを尽くし最大限の種子を残すから。(29字)
問8 (例) 前者は、生育の条件が悪い場合でもそれなりに種子を残すという意味であり、後者は、条件が良い場合にはより多くの種子を残すという意味である。
問9 エ　問10 (1) イ　(2) (例) 目的に合わせたライフスタイルや生活のサイズを自分で選び取ることで、目的は達成できるということ。(47字)

二

問1 a エ　b ア　c オ
問2 (例) 城主斉広が、賀節朔望二十八日に江戸城へ登城するたびに必ず金無垢の煙管を一本ずつ坊主たちに取られることになれば、加州一藩にとって大きな支出となり、税を引き上げるようなことになっては大変だと思ったから。(99字)
問3 エ　問4 ア　問5 ウ　問6 オ

三

問1 A エ　B ア　C ウ　D ア　E イ
問2 イ・エ　問3 ① ウ　② エ　③ ア
問4 ウ・オ

配点

一 問1～問4 各2点×11　問5～問7 各4点×3
問8・問10(2) 各6点×2　他 各3点×2
二 問1 各2点×3　問2 8点　他 各3点×4
三 問2・問4 各3点×2(各完答)　他 各2点×8
計100点

解説

一 (論説文—大意・要旨、内容吟味、文脈把握、接続語、脱文・脱語補充、漢字の読み書き、語句の意味)

問1 a 「唯」の他の音読みは「イ」で、「唯々諾々」などの熟語がある。「唯」の訓読みは「ただ」。

b 「候」を使った熟語は、他に「候補」「時候」などがある。「候」の訓読みは「そうろう」。

c 「熟す」は、果物などが十分に実ること。訓読みは「う(れる)」。

d 「伴」の音読みは「ハン」「バン」で、「伴侶」「伴奏」などの熟語がある。

e 「資」を使った熟語は、他に「物資」「資質」などがある。「源」の訓読みは「みなもと」。

問2 読みは「しんこっちょう」。そのものが持っている本来の姿という意味。「種子を結ぶ」ことが「雑草」にとってどのような意味を持つのかを考えることで、意味を推察することもできる。

問3 Ⅰ 「唯一生き残る」のはどのようなものかを考える。まず、直後の段落に「環境に適応したものだけが生き残る」とあり、その後、雑草が生き残るためにもつ強さについて説明されている。「植物にとって……」で始まる段落で「植物にとってもっとも重要なことは……花を咲かせて種子を残すこと」「どんな環境であっても、花を咲かせて、種子を結ぶ」と述べられている。ここから、「生き残る」条件となる部分を抜き出す。

Ⅱ 「雑草が生息する環境の変化」が起こる様子を読み取る。同じ段落に「雑草の変化は、短期間で起こる」とある。ここから、適切な語を抜き出す。

問4 ⅰ 前の「『好適環境下においては種子を多産する』」を、後で「条件が悪くても種子をつけるが、条件が良い場合には、たくさん種子を生産するというのである」とわかりやすく言い換えているので、説明の意味を表す語を入れる。

ⅱ 前の「条件が悪くても種子をつけるが、条件が良い場合には、たくさん種子を生産する……当たり前のように思えるかも知れないが、そうではない」ということの例を、後で「私たちが栽培する野菜や花壇の花では、……実が少なくなってしまったりすることもある」と挙げているので、例示の意味を表す語を入れる。

ⅲ 「私たちが栽培する野菜や花壇の花では……実が少なくなってしまったりすることもある」という前段落の内容に対して、後で「雑草は違う」と相反する内容が述べられているので、逆接の意味を表す語を入れる。

問5 直後で「さまざまな種分化は、すべては長い進化の歴史の中で起こったことである。進化をこの目で観察した人はいない」と理由が説明されている。「この目で観察した人はいない」を、実際に見て確認することはできない、などの具体的な表現に置き換えてまとめる。

問6 「可塑性」は「かそせい」と読み、思うように形作ることができる性質を意味する。意味がわからなくても、直後の段落以降の「図鑑には、数十センチと書いてある雑草が、……数メートルにもなっていたり」、「花の時期も、図鑑には『春』と書いてあるのに、平気で秋に咲いていたりする」という具体的な説明から、雑草が環境によって個体サイズや開花時期を変えることを意味していると推察できる。さらに、雑草の「可塑性」について述べられている部分を探すと、本文の後半に「雑草は可塑性が大きい」とあり、これは「自分の……」で始まる段落の「雑草は、個体サイズにかかわらず繁殖分配率が最適になる」ことをふまえて言っている。雑草が何を環境によって変えようとしているのかを考え、「～性質」に続くようにまとめる。

問7 直後の二段落で、「図鑑の姿とまるで違う」雑草の様子が具体的に述べられている。その雑草の様子について、「条件が……」で始まる段落で「条件が悪いときは悪いなりに、条件が良いときには良いなりにベストを尽くして最大限の種子を残す」と説明されており、ここから雑草が「図鑑の姿とまるで違う」ことがある理由を読み取る。

問8 雑草の種子の生産について、「条件が悪い場合」と「条件が良い場合」について述べられている部分を探す。「［ i ］、……」で始まる段落に「条件が悪くても種子をつけるが、条件が良い場合には、たくさん種子を生産する」とある。この部分を指定語句に合わせてまとめる。

問9 直後の段落で「どういうことだろうか」と疑問を提示し、その後の段落で「植物にとってもっとも重要なことは……花を咲かせて種子を残すことである。雑草はここがぶれない。どんな環境であっても、花を咲かせて、種子を結ぶのである」と説明されている。この「ぶれない」が、「変化しない」の置き換えであることを確認し、同じ内容を述べているエを選ぶ。

問10 (1) 読みは「しさ」で、それとなく教える、ほのめかす、という意味である。

(2) 直前の段落で「種子を生産するという目的は明確だから、目的までの道すじは自由に選ぶことができる。だからこそ雑草は、サイズを変化させたり、ライフサイクルを変化させたり、伸び方も自由に変化させることができる」と、「雑草のふるまい」が説明されている。この「雑草のふるまい」を人生に置き換えてみると、人も目的に応じた生活を自ら選び取っていくことで目的を達成できる、と考えることができる。

二

(小説―情景・心情、内容吟味、文脈把握、語句の意味)

問1 a 読みは「ぜんごさく」で、後始末のためのよい方法という意味。

b 「こそく(の)けん」と読む。「姑息」は根本的な解決をせず、一時の間に合わせという意味。直前の「体面を、顧慮する」は、体面を気にするという意味になる。

c 読みは「はばか(って)」。遠慮して、気兼ねして、という意味があることから判断する。

問2 「眉をひそめる」は、心配な気持ちや不快な気持ちから顔をしかめる様子を表す。直後の段落の「賀節朔望二十八日登城のたびに、必ず、それを一本ずつ、坊主たちにとられるとなると、容易ならない支出である。あるいは、そのために運上を増して煙管の入目を償うようなことが、起らないとも限らない。そうなっては、大変である」という三人の役人の心情が述べられた部分から、理由を読み取る。「城主斉広が」という主語を加え、城主斉広がどうすることによって、藩の経済にどのような影響を与えるかを述べ、それについて「大変である」と思ったから、というような形で簡潔にまとめる。

問3 「それ以来、……」で始まる段落に「坊主が斉広の煙管をねだることは、ぱったり跡を絶ってしまった。なぜといえば、斉広の持っている煙管は真鍮だということが、宗俊と了哲とによって、一同に証明されたからである」とあるのに着目する。さらに、「一時、真鍮の煙管を金と偽って、斉広を欺いた三人の忠臣は、評議の末ふたたび、住吉屋七兵衛に命じて、金無垢の煙管を調製させた」と事の真相が述べられている。

問4 ――部3は、直後の文の「高慢」を言い換えた表現であることから判断する。「高慢」は、自分がすぐれているとして人を見下す様子を意味する。

問5 後の「『いい加減に慾ばるがいい。銀の煙管でさえ、あの通りねだられるのに、何で金無垢の煙管なんぞ持って来るものか』『真鍮だろうさ』」という了哲の言葉から、煙管を貰いに行かない理由を読み取る。

問6 「そこで、一時、……」で始まる段落に「前に河内山にとられたのと寸分もちがわない、剣梅鉢の紋ぢらしの煙管である。――斉広はこの煙管を持って内心、坊主どもにねだられることを予期しながら、揚々として登城した」とあるのに着目する。前と同じように金無垢の煙管を持参したので、坊主どもが先を争ってお煙管拝領を願い出るだろうという予期に反する事態に対して、斉広は「不思議であった」としている。

三 （知識問題―漢字の読み書き、熟語、ことわざ・慣用句、品詞・用法）

問1 A 書簡 ア 勘定 イ 鑑定 ウ 陥落 エ 簡潔
B 余儀 ア 難儀 イ 講義 ウ 議場 エ 犠牲
C 尋問 ア 迅速 イ 肝心［肝腎］ ウ 尋常 エ 円陣
D 業績 ア 功績 イ 山積 ウ 軌跡 エ 在籍
E 応募 ア 思慕 イ 募金 ウ 墓前 エ 暮色

問2 ア 気づかいのいらないほど親しい関係には「気の置けない」という表現を使うので、「気の置ける」は適切ではない。
イ 的確につかむという意味なので、適切。
ウ その人の能力に対して役目が軽すぎるという意味なので、適切ではない。
エ 心の底から激しく怒るという意味なので、適切。
オ わずかな時間で無駄にしないという意味には「寸暇を惜しんで」を使うので、「寸暇を惜しまず」は適切ではない。

問3 ① 読みは「せんざいいちぐう」。千年に一度しかないようなめったにない機会という意味。
② 読みは「ちょくじょうけいこう」。相手のことを考えずに思い通りに行動すること。
③ 読みは「せいてんはくじつ」。心にやましいことが全くない、という意味を表す。

問4 ――部それぞれについて、アは「起きられる」、イは「待たせて」、エは「読めなく」とするのが正しい。ウとオは文法的に正しい。

解答

一 問1 カ　問2 (例) 国内政治と国際政治の間の境界線がなくなって、内政の外政化、外政の内政化が同時進行しているということ。(50字)　問3 オ
問4 (例) 国境線の内部の同質性を確保するために、異質性を「潜在的なテロリスト」と決めつけて排除することがすでに行われつつあること。(60字)
問5 ア・カ　問6 エ　問7 イ

二 問1 ウ　問2 ア
問3 A (例) 自分の気持ちを整理することができる(17字)
B (例) 尚輝の心に秘めた思いに気づくことができる(20字)
問4 (例) 真面目に生きてきた孝子が、卒業式にきちんと参加することよりも、幼馴染の尚輝との別れの時間を一番大切にしたいと決めたから。(60字)
問5 ア　問6 イ
問7 (例) 孝子が尚輝に対し唯一できることは、芸能界で活動していくことに不安を抱いている尚輝を笑顔で励まし、送り出すことだけだから。(60字)

三 問1 i エ　ii ア　iii イ　問2 a イ
b エ　問3 (例) 来訪者の「猫」という名がおもしろかったから。(22字)　問4 ② ウ　③ イ　④ ウ
問5 (例) 召し上がるふりをした(10字)　問6 イ
問7 ア・エ

四 問1 1 キ　2 ス　3 オ　問2 エ
問3 A 二　B 五

配点
一 問1・問3 各2点×2　問2・問4 各6点×2
他 各3点×4
二 問3 各4点×2　問4・問7 各6点×2
他 各3点×4
三 問3・問5 各3点×2　他 各2点×11
四 各2点×6
計100点

解説

一 (論説文―大意・要旨、内容吟味、文脈把握、脱文・脱語補充)

問1 脱落文の内容から、「ネットワークでつながった現代社会」の危険性について述べられている部分の後に入ると推察する。カ の直前に「電話や電子メールなどの盗聴、あるいは『個人情報管理』という名の情報統制が、すでに行われつつある」とあり、これは脱落文の「ネットワークでつながった現代社会が、何らかの障壁によって守れないという印象を強める」ものなので、ここに入れるのが適切。

問2 「国内政治と国際政治」の関係について、最終段落で「現在の状況は、国内政治と国際政治の間の境界線が維持できなくなって、

……『内政の外政化』と『外政の内政化』が同時進行している」と説明されている。この「境界線が維持できない」という部分を、境界線がなくなって、などのわかりやすい表現に置き換えてまとめる。

問3　直後の「内側にいると思っていたらいつの間にか外側にいて、外側のはずが内側になるという状況」にふさわしいものを選ぶ。縫い目などがほどけるという意味の「ほころびる」を比喩的に用いて、「(境界線は)ほころんでいる」という表現が入る。

問4　直前の「テロリズムは実際には『われわれ』全てにとっての問題であり、決して特定の集団だけのものではない」ことを説明するために、「オウム真理教のような集団」を例示している。その上で、「テロリズム」を訴える「テロリスト」について述べられている。「同時に、……」で始まる段落の内容に注目する。「国境線の内部から『他者』を排除することによって、国境線を内側から回復するという論理もあらわれる。ある種の民族……を、『潜在的なテロリスト』と決めつけて排除したり、どこかに収容して規律化したりする」とある。この「他者」や「ある種の民族」を「異質」と置き換えてまとめる。国境線の内部の「同質」性を守るために、「異質」なものを「潜在的テロリスト」として排除することが行われている、と筆者の主張をまとめる。

問5　同じ段落に「そこではまず、……軍事がにわかに脚光を浴びる」とあり、その後「戦争をするためには、境界線を明確にせざるをえない」とあるので、イは適切。「同時に、……」で始まる段落に「国境線の内部から『他者』を排除することによって、……内部の同質性を確保し、セキュリティを確保しようとする」とあるので、ウも適切。さらに、「境界線を……」で始まる段落に「境界線を守って内部を最適化しようとしているのは誰か。……国民のかなりの部分によって支持されうるということを意識する必要がある」、「安心して生活できるようにしてほしい、それには多少の権利制限や治安強化は甘受するという『草の根のセキュリティ要求』は、……急速に強まりかねない」とあるので、エとオも適切。アとカの内容は述べられていないので、不適切。

問6　同じ段落で「ある人々が排除されても安心することはできず、今度は残された群れの中から別の人々が排除される。こうして、結局、最後の一人が消滅するまで、社会の中のリスクをゼロにすることはできない」と説明されている。安心することはできない、を「不信感」と置き換えて述べているエが適切。

問7　「しかしながら、……」で始まる段落に「境界線によって内側と外側を区別し、国内政治と国際政治を区別するという手法自体が、今回の事態によって問われることになった」とあり、さらに「まず、……」で始まる段落に「まず、リスクを『国境線で食い止める』ことができないのではないかという不安が生じている」、「一連のテロ事件によって、国境線の内側で突然戦闘行為が起こりうることが明らかになった」と述べられている。これを説明したものとして、イが適切。

二

(小説―情景・心情、内容吟味、文脈把握)

問1　――部①は、高一の文化祭で孝子が尚輝の後ろの後ろで踊ったときのことを言っている。本文前の説明にあるように、尚輝は芸能事務所に所属している。孝子は、今後尚輝の踊りをあれほど近くで見ることはできないと思っているのである。

問2　直後の段落と一つ後の段落で、同じ舞台に立っているはずなのに観客のような気持ちになり、尚輝だけが舞台に立つべき人だったと感じた、孝子の心情が描かれている。尚輝の踊りは他の人とは違い、特別なものであるという内容が述べられているアが適切。

問3　「尚輝はそう言って手を……」で始まる段落で、「メガネを直して立ち上がる。……体の中身が、元の位置に戻るような感覚がする」と描写されている。また、「尚輝が泣いていた」で始まる段落以降で、孝子は尚輝が泣きながら踊っていることに気づき、尚輝はどれだけ不安だったのだろうと思いながら「メガネをきちんとかけて」見ている。メガネをかけることで、孝子が自分の気持ちを整理できるようになり、さらに尚輝の心に秘めた思いに気づくこともできる、という内容でまとめる。

問4　前で孝子が話しているように、孝子は校則をしっかり守り学級委員もやっていた真面目な生徒であった。——部④の後の場面では、卒業式の始まりを告げるチャイムが尚輝との別れの鐘の音として感じられ、今は卒業式に参加するよりも尚輝と同じ景色を見ている方がいい、と孝子が思っていることが描かれている。それまで真面目に生きてきた孝子が、きちんと卒業式に参加することよりも、尚輝との別れの時間を大切にしようと決めた、という思いを理由としてまとめる。

問5　——部⑤の直後で、孝子は尚輝が「ゆらゆらと逃げ水の中でゆらめいて、追いかけた分だけまた離れていくみたいに」踊っていた日のことを思っている。本文後半の「あの日見た……」で始まる段落に「近づくことのできない逃げ水の中で、尚輝が踊っている。もう、私の手では、触れることはできない」とあり、尚輝が「私」の手の届かない存在になるということを表しているので、アが適切。

問6　直前に「体育館のほうからはたまに、拍手の音とか、国歌のメロディとかが……聞こえてくる」とあるが、「スピーカーの音量を最大限まで大きくした」ことをきっかけに、「卒業式がどこかへ飛んでいく」と描写されている。さらに、孝子に踊りを見てもらいたかったと尚輝が話し、その踊りを見ることを、孝子は「世界中で私しか知らない、尚輝の舞台」だと感じている。

問7　後で、不安を感じている尚輝に対して、「私が笑って、大丈夫だよ、がんばれって送り出してあげないと、絶対にダメだ。それが私にできる唯一のことなんだ」という孝子の心情が述べられている。この部分を中心に、孝子が絶対に自分は泣いてはいけないと思っている理由をまとめる。

三　（古文―大意・要旨、内容吟味、文脈把握、脱文・脱語補充、語句の意味、口語訳）

〈口語訳〉　ある時、猫間中納言光隆卿という人が、木曾殿（源義仲）に相談したいことがあっておいでになった。家来たちが、「猫間殿がお目にかかり申し上げることがあると、おいでになっています」と申したところ、木曾殿はおおいに笑って、「猫が人に見参するのか」（とおっしゃった）。「こちらは猫間中納言殿と申します公卿でいらっしゃいます。（猫間は）所在地の名と聞いております」と申し上げると、木曾殿は、「では」と言って対面する。それでも猫間殿と言うことができずに、「猫殿がめずらしくおいでになったのだから、食事の用意をしろ」とおっしゃった。中納言殿はこれを聞いて「今は食事の時間ではありません」とおっしゃると、「どうしてだ食事時にいらっしゃったではないか」（と言う）。（木曾殿は）何でも新鮮なものを無塩というと思っていて、「ここに無塩の平茸がある。さあさあ」と言って急き立てる。従者の根井小弥太が配膳をする。田舎合子のたいそう大きな器に、飯をうず高く盛り、三種のお菜、平茸の汁を添えて差し上げた。木曾殿の前にも同じようにして置いた。木曾殿は箸を取って食べる。猫間殿はお椀の不潔さ（が気になったの）で召し上がらないでいると、「それは義仲の特別な合子であるぞ」（と言う。）中納言は召し上がらないのもやはり具合が悪いので、箸を手に取って召し上がるふりをした。木曾殿はこれを見て、「猫殿は小食でいらっしゃるか、噂にきいた猫おろしをなさっている。(遠慮せずに)かきこみなさい」と言って強いた。中納言はこのようなことにしらけて、相談事も何も言わずに、すぐに帰ってしまわれた。

問1 i 「郎等ども」と「木曾殿」との会話で、「申し」と謙譲語が用いられているので、主語は「郎等ども」。「郎等ども」が訪ねてきた猫間中納言について説明している。

ii 「何もあたらしきものを無塩といふ」ことを「心えて」いるのは誰かを考える。猫間中納言に食事をすすめている「木曾義仲」が主語にあたる。

iii 直前の文に「根井の小弥太陪膳す」とあるので、主語は「小弥太」。

問2 a 「いぶせさ」には、不快な様子、汚らしさ、気味の悪さ、などの意味がある。ここでは「合子」という食器の様子なので、「不潔さ」が適切。

b 「興ざめ」は、興味をなくす、面白くない、という意味なので、「しらけて」が適切。

問3 直後に「猫は人にげんざうするか」とある。木曾殿は「猫」が付く名前を面白がっている。

問4 ② 「まれまれ」はごくまれに、「よそふ」は飲食物を器に盛りつける、という意味であることから判断する。

③ 「あるべう」は、あるべきという意味で、それを「なし」と打ち消している。

④ 「召さで」は召し上がらないで、「あし」は具合が悪い、という意味であることから考える。

問5 「よし(由)」には、「～のふりをする」という意味がある。意味がわからなくても、木曾殿に不潔な食器で食べるよう強いられた猫間中納言がどのようにしたのかを想像することで、意味を推察することができる。

問6 直後に「『……猫おろし給ひたり。かい給へ』」とあるように、木曾殿は猫間中納言が出されたものを食べていないと指摘している。「小食(におはしけるや)」とするのが適切。

問7 本文の注釈に、当時の貴族の食事は一日二度で、昼食の習慣がなかったとある。貴族である猫間中納言にとっては食事の時間ではないのだが、武士である木曾殿は半ば強引に食事を用意させ、中納言の不興を買ってしまったことから、アが合致する。本文最後の「中納言かやうの事に興さめて、宣ひあはすべき事も一言もいださず、やがていそぎ帰られけり」という内容に、エが合致する。

四

(知識問題―ことわざ・慣用句、品詞・用法、敬語・その他)

問1 1 終止形は「強い」。自立語で活用があり、終止形が「い」で終わるので、形容詞。助詞の「て」に接続しているので連用形。

2 自立語で活用がないもので、後に「している」が省略されていると考え、「している」という用言を修飾しているので副詞。

3 自立語で活用があり、終止形がウ段の音で終わっているので動詞。「け／け／ける／ける／けれ／けろ」と活用するので、下一段活用動詞の終止形。

問2 エの「差し上げ」は、あげるという自分の動作をへりくだって言っているので、謙譲語。

問3 A 「二の足」は二歩目のこと。二歩目が踏み出せないということから、決心がつかずためらう、という意味になる。

B 「五分」は、一寸(約三センチ)の半分のこと。わずか一寸の虫にもその体の半分の大きさの魂があるように、どんなに小さく弱い者にも意地がある、という意味になる。

解答

一 問1 A 隔 B 魅了 C 衝突 D 織 E 蓄積
問2 エ 問3 イ 問4 (例) 言葉を使わずに表現すること(13字) 問5 オ 問6 エ
問7 (例) 人間は自分たちが用いている言語によって知覚世界を分節し、それぞれの言語に基づく方法で世界を構造化しているということ。(58字)
問8 (例) 人間は、感覚器官によって分節化された世界と言語によって分節化された世界のなかに生きているということ。(50字) 問9 ウ

二 問1 エ 問2 ウ 問3 ア 問4 エ 問5 ウ
問6 A ウ B ア 問7 あ エ い エ
問8 i オ ii イ iii ア 問9 ウ
問10 a 破壊 b 放棄 c 紡績 d 素描
e 普遍

三 I 問1 人より受くべからず。 問2 ウ
II 問1 不レ可二以為一レ道。

四 1 哀惜 2 慈善 3 該博 4 摩耗 5 搾

配点 一 問1・問2 各2点×6 問4 4点
問7・問8 各6点×2 他 各3点×4
二 問1〜問3・問5・問9 各3点×5 他 各2点×13
三 各3点×3
四 各2点×5
計100点

解説

一 (論説文―大意・要旨、内容吟味、文脈把握、接続語、脱文・脱語補充、漢字の読み書き)

問1 A 音読みは「カク」で、「隔絶」「間隔」などの熟語がある。
B 人の心をひきつけてうっとりさせること。
C ぶつかること。「衝」を使った熟語には、他に「衝動」「緩衝」などがある。
D 「織」の音読みには「ショク」「シキ」があり、「紡織」「組織」などの熟語がある。
E 「蓄」の訓読みは「たくわ(える)」。

問2 a 前の「『このバラは赤い』と言う判断は、……そのような連関を指し示しますが」という内容に対して、後には「目の前にしているバラの花の独特の赤を言い表すことはできません」とあり、逆接の意味を表す語と、当然の意味を表す語の両方が考えられる。他の組み合わせから判断する。
b 前の「独特の赤を言い表すことはできません」に対して、後で「『深みのある赤』とか、……言葉を補うことはできます」と当然予想される反論が述べられているので、当然の意味を表す語が入る。

c　前の「言葉以前」を、後で「『青い』、あるいは『花が咲いている』と判断する以前」とわかりやすく言い換えているので、説明の意味を表す語が入る。

d　前の「『言葉のない思索』」というより、後の「思索は言葉を通してはじめて成立するのであり、言葉は思索の単なる『道具』ではない」といった方がいいという文脈なので、二つのうちこちらを選ぶという意味を表す語が入る。

問3　「抽象化」は、事柄からある要素だけを抜き出して把握すること。直前の文「目の前にしているバラの花の独特の色合いと、『赤い』という言葉のあいだには大きなヘダたりがあります」や、一つ前の段落「どれだけ言葉を補っても、もとの経験そのものを言い表すことはできません」に着目する。本来は複雑なものを一つの言葉で表現していると述べられているものを選ぶ。

問4　同じ文の文脈から、「純粋」は、「言葉以前」を「取り出す」ことを意味しているととらえる。言葉を使わずに表現する、などとまとめる。

問5　直前の段落の「『純粋に』経験がなされているときにも、すでに、その花が『花』として受け取られ、そしてその色が『青色』として受け取られている、ということが起こっている……言葉が働き出ているのではないでしょうか」という内容をふまえて、――部③が述べられている。「花」や「風の音」という言葉によって、目の前の現実を受け取っているということになる。

問6　「つまり」は説明の意味を表すので、その前の文の「言葉は、考えるための、あるいは考えたものを表現するための『道具』である」に通じるものを選ぶ。また、この段落での内容は、「前者は……」で始まる段落の「あらかじめ区分されたものに、……名前をつけていく」という考え方と結びついたものであると述べられている。「考えたもの」を「あらかじめ存在している思索の内容」、「表現する」を「一つ一つ形を与えていく」と言い換えているエが適切。

問7　「言葉によって世界の見え方が決まる」ということについて、「しかしそれよりも……」で始まる段落の最後に「先ほど言葉によって世界の見え方が決まると言ったのは、そういうこと」と述べられている。その前で「日本語を使う人はそれに固有の仕方で、またドイツ語を使う人はそれに固有の仕方で知覚世界を分節し、世界を構造化している」と説明されており、この表現を用いて簡潔にまとめる。

問8　同じ段落の「人間の場合、この感覚器官による分節に加えて、さらに言語による分節を行っている」に着目する。「二重の世界」が、人間は感覚器官によって分節された世界と、言語によって分節された世界であることを明確に述べ、まとめる。

問9　「もちろん見慣れないものを……」で始まる段落の筆者の主張に、ウが合致する。

二

（論説文―内容吟味、文脈把握、接続語、脱文・脱語補充、漢字の読み書き、語句の意味）

問1　「自然と共存」するための「腕」や「作法」が意味するものをとらえる。「腕」には技術や技量、「作法」には物事を行うときの手本となる正しい方法、という意味がある。

問2　――部②を含む段落の冒頭にあるように、「自由について考えるとき」に「多数派の意見はあてにならない」のだと述べられている。直前の段落で、「自由」について「自由は、誰もがそれが自由だと感じているだけで、視点が変われば、自由という幻想にすぎなかったと思うようになる可能性は、つねに生じうる」と述べられており、ここから理由を読み取る。

問3　「資本主義社会」において「自らすすんで自由を失っていく」

のはなぜかを考える。同じヘスの言葉に、直前の段落「労働者は、生きるためには働かなければならない」、「そのとき、……」で始まる段落「貨幣のために自らすすんで自由を失うようになった」とあるのに着目する。

問4 「ジレンマ」は、二つの相反する事柄の板ばさみになること。おいしいふぐは食べたいが、その毒にあたって死ぬのはいやだという、板ばさみの状態を意味するエが「ジレンマ」を表す。

問5 近代人について、「平穏な市民で……」で始まる段落に「平穏な市民であろうとする人間にとっては、自由な精神をもちつづけるのは、恐ろしいことでもある。自由に考え、自由に判断することは、社会常識のなかで孤立することかもしれない。その結果、精神的な迫害にもあうかもしれない。……ここに、自由の主体である個人の弱さがある」と述べられており、これが「近代人の『不自由さ』」にあたる。ここから、自由にふるまおうとすると「孤立」し、「精神的な迫害にあうかもしれない」という内容がを述べられているものを選ぶ。

問6 A 前後の文脈から、「自然を征服していくこと」は「自然に対する人間の自由」をどうすることなのかを考える。後の文「人間にとって都合のよい自然だけがあればよい」に通じるのは、自然に対して人間が自由をしっかりと打ち立てるという意味の語だと判断する。

B 同じ文で、「自由」を定義している。「人間が生きていくうえで必要だと感じられるもの」をどう「されるわけにはいかない」のかを考える。行動や欲望などをおさえつけるという意味の語が入る。

問7 あ 「かんじゅ」と読む。甘んじて受ける、と考える。

い 「げいごう」と読む。迎え入れて合わせる、と考える。

問8 i 前の「近代的な自由が、個人を主体にしている」に対して、後で「誰も個人の自由を否定してはいなかった」ことが当然のこととして述べられているので、言うまでもなく、という意味を表す語が入る。

ii 前の「近代的な自由が、個人を主体にしている……誰も個人の自由を否定してはいなかった」に対して、後で「自由の主体を個人に置くとき、その個人は頼りなく、いかにも脆いものにみえた」と相反する内容が述べられているので、逆接の意味を表す語が入る。

iii 前の「自分を守るためには自由な発言を慎む」に、後で「ラスキが述べたように、日常の生活に追われる個人は、自由を考える勇気さえ手放すことがある」と付け加えられているので、添加の意味を表す語が入る。

問9 「平穏な市民で……」で始まる段落の「平穏な市民であろうとする人間にとっては、自由な精神をもちつづけるのは、恐ろしいことでもある」という内容に合致するのはウ。

問10 a 建造物や秩序などを壊すこと。

b 自分の役割や権利を捨てて行使しないこと。「棄」を使った熟語は、他に「破棄」「棄却」などがある。

c 動植物などの繊維を加工して糸にすること。「績」を使った熟語は、他に「実績」「功績」などがある。

d 鉛筆などを使って事物を描き表すという意味と、物事の要点を簡単にまとめて書くという意味がある。「素」の他の音読みは「ス」。

e 全体に広く行きわたること。「遍」を使った熟語は、他に「遍歴」「一遍」などがある。

三（漢文―熟語、口語訳、文学史）

Ⅰ　問１　最初の「不」「可」にはレ点、「受」には二点があるので先に読むことができない。「於」は返り点はついていないが、置き字なので読まない。まず、一点のある「人」から読み始め、二点「受」に返る。次に、「可」から「不」にレ点で返って読む。前半の書き下し文は「其の道に非ざれば、則ち一箪の食も」となる。

問２　アは「こうめいせいだい」と読み、やましいところがなく正しいという意味。イは「しゅびいっかん」と読み、初めから終わりまで同じ態度で貫かれているという意味。エは「てっとうてつび」と読み、最初から最後までという意味。この世のすべてのものは移り変わっていて不変なものはないという意味のウ「しょぎょうむじょう」が、漢文の内容と異なる。

Ⅱ〈口語訳〉立派そうに見える教訓でも日常生活から離れたものは、道とは言えない。

問１「以って」から始まるので「以」には何もつけない。次に「道と為す」と読むので、「為」にレ点をつける。「べからず」の「可」に返るために、「為」のレ点に一点を加え、「可」に二点をつける。最後に「不」にレ点をつけて返る。

四（漢字の読み書き）

1　人の死などを悲しみ惜しむこと。「哀」の訓読みは「あわ(れむ)」。

2　恵まれない人に経済的な援助をすること。「慈」の訓読みは「いつく(しむ)」。

3　学問や知識の範囲がきわめて広いこと。「該」を使った熟語は、他に「該当」などがある。

4　すりへること。「摩」を使った熟語は、他に「摩擦」「摩天楼」などがある。

5　音読みは「サク」で、「搾取」「圧搾」などの熟語がある。

解答

一

問1 (例) 冗長な表現を嫌い、文脈からわかることは書かないという特徴。(29字) 問2 (例) うなずいたのは誰かがはっきりしない(17字) 問3 ハ

問4 読者がどう~意識せずに[どう発音す~ずに文字を]

問5 外から眺めている 問6 川端康成

問7 ウ 問8 汽車[列車]

問9 A 悪 B 衣 C 音 D 彼 問10 と

問11 1 ア 2 カ 3 キ 問12 群馬(県)

問13 1 察 2 対象 3 悲劇 4 安直

5 務 6 散在 7 持論 8 展開

9 明示 10 無為

二

問1 ウ 問2 ア 問3 1 監禁

2 とって[はしゅ] 3 ささや 4 厄介

5 過酷[苛酷] 6 あきち 7 吸殻 8 びん

9 したく 10 親戚

問4 (私) 父 (母) 祖母 (美津) 母 (志賀子) 叔母 問5 X (例) 自分の部屋の扉(7字)

Y (例) 歩き廻ることをやめる(10字)

問6 A 驕慢 E 目を上めた

問7 わたしたちが思いも寄らぬこと(14字)

問8 a オ b ア c エ d イ

問9 (例) これから仕事にはいる「私」には目を覚ますために濃い煎茶を出し、高齢の母には刺激の弱い煎茶を出した。(49字)

問10 (例) 母の中で「私」は、三日前に亡くなった人になっているという感慨。(31字)

問11 (例) 母は自分の感覚的なデータで現実の一部を切り取り、それを再編成した自分だけの世界を、自尊心をもって生き始めたのだというように、私には思えてきたということ。(76字)

三

問1 ア ④ イ ③ 問2 ⑤ 問3 目

問4 ① 問5 ② 問6 ⑤ 問7 ④

配点

一 問1・問2 各4点×2 問4・問5 各3点×2

問6・問7 各2点×2 他 各1点×21

二 問4・問5・問7・問8 各2点×11

問9・問10 各3点×2 問11 6点

他 各1点×14

三 問1・問3 各1点×3 他 各2点×5

計100点

解説

一 (論説文―内容吟味、文脈把握、段落・文章構成、指示語、接続語、脱文・脱語補充、漢字の読み書き、ことわざ・慣用句、文学史)

問1 ――部①は『伊豆の踊子』の中の一文で、以降でこの一文の表現の特徴について説明している。段落[ト]の冒頭に「要するに」と

あるので、この後で――部①の表現の特徴をまとめているとわかる。「文脈からわかることをくだくだしく書かないのが、冗長な表現を嫌う日本語の文章の骨法なのだ。そんなわかりきったところに、くどく『踊子は』などという主語を書くことを、……許さなかったのだろう」と述べられているので、この前半部分を簡潔にまとめる。

問2　直後の「日本語の曖昧さの典型的な例」とされるのは、どのようなことかを考える。同じ段落で、「『私が縄梯子に……もう一ぺんただうなずいて見せた』」という一文において、「うなずいたのは誰か」と問われたときに「『私』」と答える留学生や日本人が増えたと述べられている。うなずいたのが誰なのかがはっきりしない、などというように、「曖昧さ」の例として通じるようまとめる。

問3　「状況証拠」は、間接的にそうであると示す周囲の状況という意味。「うなずいて見せた」のが「踊子」であることを示す状況について述べられている段落を探す。段落八で「別れが近づくにつれて踊子は無口になり、……うなずくだけに変化したことを描いている」や、「この文の直前に『踊子はやはり唇をきっと閉じたまま一方を見つめていた』とある」と説明されており、この部分が「うなずいて見せた」のは「踊子であるという状況証拠」にあたる。

問4　――部④は「『ウオタニと言うんですか、ウオヤと読むんですか』」と問われて、「『……どっちのつもりで書いたのかわかんない……』」と吉行淳之介が答えたものである。また、直前で「目に頼る人間」と自分のことを称しており、同様の内容は「吉行の話の焦点は、……」で始まる段落で「目の作家、耳の作家」と述べられている。その「目の作家」について、「読者がどう発音するかということをほとんど意識せずに文字を書くタイプ」と説明されており、ここから適当な部分を抜き出す。

問5　「全貌」は物事の全体の様子、「俯瞰する」は高い所から見下ろして眺めるという意味。直前の文に「外から眺めている」という表現がある。

問6　一つ目の【Ⅰ】の前「ノーベル賞を受けた」、二つ目の【Ⅰ】の後『伊豆の踊子』の作者であるというところから判断できる。

問7　日本人にとって、「自分を自分で褒める」行為は、何がないとされるのかを考える。つつしみや節度という意味の語があてはまる。

問8　【Ⅲ】を含む部分は、『雪国』の冒頭文「国境のトンネルを抜けると雪国であった」の英訳について述べている。英語には主語が必要なので、原文にない主語を据えなくてはならない。一般的に「トンネルを抜ける」もので、時代背景をふまえて漢字二字で答える。「電車」としないように注意する。

問9　A　直前の「文脈をわざと切り離し、あえて問題の一文だけを読ませる」のは、人をだまそうとする悪い心を意味する「悪意」に満ちたものである。

B　身に覚えのない罪という意味の「濡れ衣」という表現がある。

C　前の「『……指呼すれば、国境はひとすじの白い流れ。……』」の「国境」は、「何」読みをすると「リズム」が良いのか考える。直後の文「コッキョーは存在しないとも断言しがたく」の「コッキョー」は音読みであることもヒントになる。

D　「此岸」に対応するのは、悟りの境地を意味する「彼岸」。直後にも「この世とあの世」と対になる語がある。

問10　直後の、「『さよなら』ということばを発しようとした」と同じ意味になる助詞があてはまる。

問11　1　前の「仮に……子供がもし『バイバイ』と言ったとしても、親は別にとがめない」が、後で「『さよならを言う』というのは、別れの挨拶をするという意味」と説明されているので、説明の意味を表す語があてはまる。

2　前の「そんなわかりきったところに、くどく『踊子は』などという主語を書くことを、……美意識は許さなかった」という内容に対して、後で「曖昧な表現とされた」と相反する内容が続いているので、逆接の意味を表す語があてはまる。

3　前の「車中にある……人物の感覚でものをとらえているようにも読める」から、当然予想される内容が後に「それまで雪ひとつなかった上州から……一面の銀世界がひろがっているのに驚く」と続いているので、順接の意味を表す語があてはまる。

問12　「上州」は「上野(こうずけの)国」で、現在の群馬県。現在の新潟県である「越後」と接することや、「英訳では……」で始まる段落に「雪ひとつなかった上州」とあることからも推察できる。

問13　1　「察」を使った熟語には、「察知」「洞察」などがある。

2　意識が向けられるもの。「象」の他の音読みに「ゾウ」がある。

3　人生や社会の悲惨なできごと。「劇」を使った熟語は、他に「劇薬」などがある。

4　簡単で手軽なこと。「直」の他の音読みに「ジキ」がある。

5　音読みは「ム」で、「任務」「服務」などの熟語がある。

6　あちこちに散らばってあること。「散」の訓読みは「ち(る)」。「在」の訓読みは「あ(る)」。

7　かねてから主張している自分の意見のこと。「持」を使った熟語は、他に「持参」「維持」などがある。

8　物事をくりひろげること。「展」を使った熟語は、他に「展望」「進展」などがある。

9　はっきり示すこと。「明」の他の音読みは「ミョウ」で、「明朝」「声明」などの熟語がある。

10　何もせずにぶらぶら暮らすこと。同義で「無為徒食」という熟語もある。

二　(小説―大意・要旨、情景・心情、内容吟味、文脈把握、脱文・脱語補充、漢字の読み書き、ことわざ・慣用句、文学史)

問1　アは一八九二年、イは一九〇九年、ウは一八六七年、エは一九二五年生まれ。

問2　アの『あすなろ物語』が井上靖の代表作で、他の作品に『しろばんば』『氷壁』『敦煌』などがある。イは三島由紀夫、ウは芥川龍之介、エは太宰治、オは夏目漱石の代表作。

問3　1　人を閉じ込めて自由を奪うこと。「監」を使った熟語は、他に「監視」「監督」などがある。

2　ドアなどについている手でつかむ部分。「把」の音読みは「ハ」で、「把握」などの熟語がある。

3　小声でひそひそと話すこと。

4　「厄」を使った熟語には、他に「厄年」「災厄」などがある。

5　きわめて厳しい様子のこと。「酷」を使った熟語には、他に「冷酷」「酷似」などがある。

6　「空」の訓読みは「そら」「あ(く)」「から」「むな(しい)」。「空(き)地」と考える。

7　たばこを吸った後の燃えさしのこと。「殻」の音読みは「カク」で、「地殻」などの熟語がある。

8　「牛乳壜」「醤油壜」などとも使われる。同じ読み方で同じ意味の「瓶」という漢字もある。

9　「仕度」とも書く。「度」を「タク」と読む熟語には、他に「忖度」などがある。

10　親類のこと。「戚」を使った熟語には、他に「縁戚」「姻戚」などがある。

問4　芳子は、「私」の「母」を「おばあちゃん」と呼んでいる。したがって、芳子から見ると「私」の「母」は祖母であり、「私」は「父」

である。志賀子は、「父」である「私」の妹なので、芳子から見たら「叔母」にあたる。父母の姉を指す「伯母」としないよう注意する。そして、「まあ、……」で始まる段落で「私も思い、美津も思った」と、「私」と美津と並列して述べられていることから、美津は「私」の妻で、芳子から見た「母」であると推察できる。

問5　X　直後の「もうどこへも出しては貰えないのね」から、母は自分の部屋に閉じ込められていると錯覚していることが読み取れる。自分の部屋の扉と錯覚したのか、などの言葉が入る。

Y　直前に「私は母に夜毎そういう錯覚を持たせることは痛ましい気がしたが」とあり、直後には「その点は我慢して貰わなくてはなるまい」とある。「閉じ込められてしまっている」と思わせたままにするのは気の毒だが、それは我慢してもらい、母が夜毎歩きまわらないようにしたい、という「私」の思いに合う言葉を考える。

問6　A　「蔑む」は「さげすむ」と読み、他人を見下すことである。同じ段落で、母について「祖父の許で我儘に育った驕慢な幼女」と表現されている。おごりたかぶって人を侮るという意味の「驕慢(きょうまん)」が、「相手を蔑むような」と同じような意味で使われている。

E　母の返事を待ってじっと見つめる様子が「眼を当てたまま」と表現されている。じっと見る様子を表す慣用句「目を止める」を用いる。

問7　「母」が「烈(はげ)しく身を任せ」ようとするものは何かを考える。「まあ、……」から始まる場面で、芳子は「母」について「『……わたしたちが思いも寄らぬことをおばあちゃんは考えたり、感じたりして生きているんだから』」と言っている。ここから、「母」の行動をかりたたせているものを抜き出す。

問8　「別種の哀れさ」について、直後で「いくら母親を探し廻っても、ついに見付けることができないで諦めてしまった幼女の哀れさ」「わが子を探し廻って、ついに諦める以外仕方なくなってしまった若い母親の哀れさ」と描写されている。したがって、cには「探すべき」が、dには「孤独」が入る。また、「これまでの哀れさ」については、同じ段落の「子供を探し廻る狂乱の若い母親」「母親の姿を追い求める哀れな子供」に着目する。探しても見つからないという「哀れさ」なので、aには「存在しない」、bには「追い求める」が入る。

問9　直前の文に「私は仕事にはいる前の短い時間を、母と一緒にお茶を飲んで過そうと思った」とある。芳子は、これから仕事を始める「私」には頭をすっきりさせる「濃い煎茶」を、高齢の母には刺激の少ない「薄い煎茶」を運んできたのだと想像できる。

問10　直後で「私」が「その前に坐る人のなくなった机の上を眺めた」のは、「『この間までそこで毎日書きものをしていた人は亡くなりましたね』」という母の言葉を聞いたことによる。「東京へ……」で始まる段落の後に、「この間までそこで毎日書きものをしていた人」とは「私以外の人物であろう筈はなかった」とある。さらに「『亡くなってから三日になりますか、……』」という母の言葉を加えて、母の中で「私」は三日前に亡くなった人になっているという「感慨」、というようにまとめる。

問11　「母の老耄の世界」について、「私」が新たにどのように思うようになったのかをまとめる。同じ文の初めに「このように考えると」とあるので、直前の内容に着目する。直前の段落で、母は「感覚的データ」によって「自分だけの世界を造り上げ、そのドラマの中に生き始めている」「自分自身の造り上げたドラマの中で、母はいかなる役割をも受持つことができる」と述べられている。

また、――部Gの直後の段落で「おばあちゃん、えらいことを始めたね、こんどは本当に自分だけの世界を生き始めたんだね」とあり、その世界について「母が自分の感覚で、現実の一部を切り取り、それを再編成した世界」とも表現されている。母がどのようにして「自分だけの世界」を作ったのかということを述べ、指定語を用い、「自尊心」をもって「その自分だけの世界」を生き始めたのだと「私」は思うようになった、とまとめる。

三

(古文―大意・要旨、情景・心情、指示語、ことわざ・慣用句、語句の意味、口語訳)

〈口語訳〉自分には、技芸に関する実力があると思っても、人々に認められ、世間で一目置かれるほどの身ではないので、人のしたことを、ほめようとすることも、いささか心遣いしなくてはならないものである。

三河守知房の詠んだ歌を、伊家弁が、感心して、「すばらしく(和歌を)お詠みになりました。」と言うのを、知房は、腹を立てて、「漢詩を作ることは(伊家弁は私の)相手にならない。和歌においては、(私は)はるかに彼に劣っている。それで、このように言われるのだ。まったく我慢できないことだ。今後は、和歌を詠むつもりはない。」と言った。すばらしいとほめる言葉も、場合によってはあれこれと加減すべきではなかろうか。

これは(技量が)まさっている(者が言ったことな)のだが、ほめて申し上げるのでさえ、このように責めるのだ。ましてや、(技量が)劣る身でほめるのは、なかなか、身の縮むような思いがするだろう。(このことを)よく心得て、心構えをして(気持ちを)静めるべきだろう。

人の善いところを言ってはいけない。ましてや、その悪いところなど(言うのはもってのほかだ)。この心が、たいそう深い趣なのではなかろうか。

問1　ア　後の和歌に関するやりとりから、和歌などの技芸に関する能力であるとわかる。

イ　「人のしわざ」をほめようとするときに必要な「用意」とは、どのようなことかを考え、後の「心操をもてしづむべきなり」に通じるものを選ぶ。

問2　「申しほむる」と「とがめ」の間の「かく」は、前の「三河守知房所詠の歌を、伊家弁、感歎して、『優によみ給へり。』といひけるを、知房、腹立して、……『……和歌をよむべからず。』といひけり」という内容を指している。したがって、知房の歌を「申しほめ」たのは伊家弁で、その伊家弁の言葉を「とがめ」たのは知房である。

問3　「いちもくおく」と読む慣用句になる。自分より相手が優れていると認めて、敬意を払うという意味になる。碁で弱い方が先に一つ石を置くことからできた表現。

問4　直後に「いはるる」とあるので、伊家弁の言葉に注目する。同じ段落の「『優によみ給へり。』」を指す。

問5　直前の「知房、腹立して、『詩を作ることはかたきにあらず。和歌のかたは、すこぶるかれに劣れり。これによりて、かくのごとくいはるる。もつとも奇怪なり。……』」から、知房の思いを読み取る。伊家弁に自分の歌をほめられ、知房は伊家弁に見下されたと感じられたのである。

問6　「かたはらいたし」は、傍らで聞いていて苦々しい、みっともない、気の毒である、という意味。ここでは、技量が劣る身でほめることに対して、どのような思いがするのかを考える。

問7　「これはまさるるが、申しほむるをだに、かくとがめけり。……人の善をもいふべからず。いはむや、その悪をや。このこころ、もつとも神妙か」とあり、この内容に④が合致している。

解答

一
問1 ⓐ ぼっこう ⓑ 警告 ⓒ 紅一点 ⓓ 説 ⓔ は
問2 エ 問3 ウ 問4 イ
問5 ウ 問6 イ 問7 オ

二
問1 大入道 問2 夢のお告げ
問3 (誰の) ウ (意味) ウ 問4 鳥居峠
問5 眠ったまま、死んでしまう
問6 (例) その日に帰ることを知らせていなかったのに、夢で私の呼ぶ声を聞いた母が迎えをよこしたと知ったから。(48字)
問7 それはUさ～とだった。
問8 (例) Kさん想いのお母さんが、夢でKさんの声を聞いてKさんの危険を知り、ためらわずに人をよこしたことに心を打たれたから。(57字)
問9 念 問10 ア・エ
問11 a しばら b かえり c わず d ようや

三
問1 エ
問2 (例) 重病の乙姫様の御薬にするために自分の肝を取られたら、大変だと思ったから。(36字)
問3 ウ 問4 ある日、艶
問5 ア ○ イ × ウ × エ ○ オ ×

配点
一 問1 各2点×5 問4 3点 他 各4点×5
二 問1・問2・問5・問7 各3点×4
問6・問8 各6点×2 他 各2点×10
三 問1・問3・問4 各3点×3 問2 4点
問5 各2点×5
計100点

解説

一 (論説文―内容吟味、脱文・脱語補充、漢字の読み書き)

問1 ⓐ にわかに勢いを得て盛んになること。「興」の他の音読みは「キョウ」。
ⓑ よくない事態が生じないようにあらかじめ注意を促すこと。
ⓒ 多くの中でただ一つだけ赤いものがあること。多くの男性の中にただ一人女性がいるという意味もある。「紅」の他の音読みは「ク」で、「深紅」などの熟語がある。
ⓓ 音読みは「セツ」「ゼイ」で、「説得」「遊説」などの熟語がある。
ⓔ 音読みは「リ」で、「履修」「履歴」などの熟語がある。

問2 「はじめてこれを……」で始まる段落に「はじめてこれを見たときには、何と傲慢な言葉だろうと思った」とある。しかし、その後、同じ段落で、利休の茶は「言葉では間に合わぬほどの微細な意味をつないで究められていった」ものだと述べられており、さらに、「ある基本的な……」で始まる段落で、利休の茶は「言葉の届かぬ先」で、その「微細な意味が、その沸点の上で小さなダンスをしている」と筆者は表現している。この表現を「言葉では言い尽くせないエネルギー」と置き換えているエが適切。

問3　同じ段落の「言葉で拾ったものだけをなぞる間に、茶の湯は形式だけのものになってしまった」、「本人は形式に堕するつもりはなく、とにかく見えている言葉の論理を伝って、その師とする人の位置に近づこうとするのだけど、近づけば近づくほど精気が失せていく」から理由を読み取る。感覚基盤がないところで言葉の論理を伝って近づこうとしても「形式の抜け殻」となる、と述べられているものを選ぶ。

問4　アは目標一つに心を向け他を顧みずに努力する様子、イは生涯にただ一度の機会、ウはわずかな時間、エは全力を挙げて物事に打ち込む様子、オは非常に待ち遠しいことの意味になる。Xの直前にある「一回性の輝き」にふさわしいものを選ぶ。

問5　「利休はそのような……」で始まる段落に「利休はそのような危険についてケイコクを発している。……人と同じことをなぞるな」、「新しいことをやれ、自分だからこそのことをやれ」と述べられている。さらに、「そのような……」で始まる段落に「そのような利休の精神を正しく引き継いだのが古田織部であろう」とあることをふまえて考える。利休の無作為に対して、織部の作為は「新しいこと」をしているという点で、利休的精神の芯を受けついでいる、ということになる。

問6　直後で、マラソンのたとえを用いて説明している。「マラソンの先頭ランナー」、つまり前衛が形式美からの脱却を説いたとしても「私たちはこれでいいの。決められた形が上手に出来ることが嬉しいわけ」と言われることになる。後方集団にとっては、みんなといっしょに決められた形のマラソンを走っていることが快感であり安心なのである。決められた形、つまり形式美によって安心と快感が得られると述べているイが適切。

問7　直前の段落で、「前衛」について「前衛としてある表現の輝きは、常に一回限りのものである」、「そもそもが前衛とは、みんなに対する犯罪的存在なのである」と説明されている。その上で、筆者は最終段落で「前衛をみんなで、何度も、という弛緩した状態」の弊害を述べ、「判断停止の結果、前衛のスタイルだけが浮遊している」と主張している。最終段落の「毒でさえあれば前衛のような、要するに悪ぶることが新しいような、卑しい技術だけが蔓延している」に通じる内容を述べたオが適切。

二

（小説―情景・心情、内容吟味、文脈把握、指示語、漢字の読み書き、ことわざ・慣用句、文と文節、文学史）

問1　――部①の「そういう不思議」は、具体的にはKさんが子供の頃に見た「大きな黒いもの」のことを指している。前の会話で、Kさんが「『奥さん。私大入道を見た事がありますよ』」と言っていることに着目する。

問2　前の「『そういう不思議はどうか知らないけど、夢のお告げとかそういう事はあるように思いますわ』」という妻の言葉を受けて、Sさんは「『それはまた別ですね』」と同意している。その後、「夢のお告げ」という言葉から、Sさんは、Kさんが去年「雪で困った時の話」を思い出し、「そういう不思議」と言っている。

問3　直前に「自分の方を顧みた」とある。Sさんが、Kさんが去年「雪で困った時の話」をまだ聴いていないのかと「自分」に尋ねている。「『いいえ』」というのであるから、「自分」の、まだ「聴いていません」という意味の返事になる。

問4　直前に「上を見ると」とあるので、上にあるのは何かを探す。同じ段落の冒頭に「月明りに鳥居峠は直ぐ上に見えている」とある。

問5　「そういう」とあるので、前の会話に着目する。「『後で考えると、本統は危なかったんですよ。雪で死ぬ人は大概そうなってそのまま眠ってしまうんです。眠ったまま、死んでしまうんです』」から、「不安」に続くのにふさわしい部分を抜き出す。

問6　直後の会話から「慄っとした」理由を読み取る。『私がその日帰る事は知らしても何にもなかったんです。後で聴くと、お母さんが……不意にUさんを起して、Kが帰って来たから迎いに行って下さいといったんだそうです。Kが呼んでいるからっていうんだそうです。……』」、「『……それが丁度私が一番弱って、気持が少しぼんやりして来た時なんです。……』」という話の内容を簡潔にまとめて、文末を「～から。」で結ぶ。

問7　「四人」は、Kさんのお母さんがKさんを迎えに行かせるために「起した」人たちである。Kさんが山を下りて行ったとき、その「四人」と出会った場面に着目する。

問8　妻が「涙ぐんで」いたのは、Kさんが雪の山で死の危険にさらされたときに、お母さんがKさんの声を聞いて迎えをよこしたという話を聞いて心を打たれたからである。最終段落に書かれている、Kさん親子がお互いを想い合う様子をふまえてまとめる。

問9　前の「『じゃあ、この山には何にも可恐いものはいないのね』」という妻の言葉には、重ねて確かめるという意味の「念を押す」がふさわしい。

問10　イは森鷗外、ウは芥川龍之介、オは有島武郎、カは樋口一葉、キは武者小路実篤、クは夏目漱石の作品。

問11　a　音読みは「ザン」で、「暫時」「暫定」などの熟語がある。

b　音読みは「コ」で、「一顧」「回顧」などの熟語がある。

c　音読みは「キン」で、「僅差」などの熟語がある。

d　音読みは「ゼン」で、「漸次」「漸増」などの熟語がある。

三　(古文―大意・要旨、内容吟味、文脈把握)

〈口語訳〉　丹後の国に、愚かな男があった。浦島太郎のことを伝え聞いて、「私も、どうにかして竜宮城へ行ってみたいものだ」と(言って)、いつも浜辺に出て、さまよい歩いた。(ある時)亀が倒れているのを見て、「これが、竜宮の案内か」と(思って)、(亀の)甲羅の上に乗ってみるが、肥え太って、大きな男なので、亀は押しつぶされて、ひしゃげて死んでしまったことも多かった。しかし、(男は)こりずにまた、海辺に出て、さまよい歩いた。ある日、あでやかな女が現れて、「私は、竜宮城の使いの者です。さあ行きましょう」と言うので、(男は)うれしく(思って)、「どのように行きましょうか。目無籠ですか」と聞くと、女は、すぐに大きな亀になって、沖の方を目指して歩くと、「わかりました」と言って、すぐに乗って行った。さて、竜宮城に着いて、竜王の御前に参って、「私は、立派な武士でございます。三上山に住む大むかでであっても、たやすく射落としてみせましょう。また、海人が乳の下に隠している宝玉など、取り返すことは、何でもないことでございます」などと、様々な誇らしいことを並べて、調子よく言っても、竜王は、ただ、「むむ」と笑っているだけでいらっしゃる。聞いていたこととは違って、手厚いもてなしさえないので、がっかりして、(部屋を)出て一間の方に出た。そうして、通り過ぎる女童を呼び止めて、「乙姫様は」と尋ねると、「最近重いご病気で、引きこもっていらっしゃいます」と答える。「私は、(乙姫様の)婿になろうと(思って)、やって来たのだが、それでは(来た)意味がない」などと思っていた。ゆっくり進んで、外の方に出ると、門のあたりに、海月というものがいて、言ったのは、「お前の肝を取って、乙姫様のお薬にしようということを聞いた」と言う。「さては私を猿と間違えているのだろう」と、気もそぞろに恐ろしくて、「どうにかして、逃げなくては。それならばそれでよい、玉の箱という物を盗んで、持ち帰ろう」と思って、その夜(竜宮城に)忍び込んで、何とかして、玉の箱を盗み出した。そして、土塀を越えて抜け出すが、元々海辺で生まれ育って、潜水の技術は熟練していたので、波をかきわけながら、どうにか元の浜辺に、帰り着いた。

浜の者たちが(男を)見て、「どのようにして帰って来られたのか。人に聞くと、鰹を釣りに(行った)、鯛を釣りに(行った)とは言うけれど、七日間もお見かけしないので、大変なことだと、皆で言っていました。何はともあれ、手に持っていなさる物は、何ですか」と尋ねる。「これは、竜宮城から取って来た、玉の箱というものだ。すばらしい宝である」と言うと、「さぞすばらしいのでしょう」と(玉の箱を)見て、「竜宮城の物ならば、光り輝いているに違いないが、これは、たいそう古い物とみえて、縁なども欠け、漆もところどころ剥げ落ちているように見えます。けれども、きっとすばらしい物なのでしょう」と言う。この男は、箱を何度も押しいただいて、「さあ、開いて、皆にも拝ませましょう。あたり一面光り輝きますから、うっかりすると、目がくらみますから注意してください」と(言って)、結んである紐をほどいて、「さあ、開くぞ」と(言って)、開けてみると、かすかな光さえ見えない。ぼろぼろと、崩れ落ちるものがある。近寄って見ると、古い藁ぐつ、下駄、足袋、うらなしなどの、破れたり綻んだりしたものが、たくさん入っていた。人々は、「おやおや」と言って、あきれて、開いた口がふさがる者もいない。

この男が、よからぬことを思いついたのを、さっそく狐が知って、腹立たしく思って、このように化かしたのだと、浜の者は皆言った。

物羨みするのは、無意味なことである。

問1　直前の「竜王、唯、『むむ』と笑ひてのみおはさうす。聞きしには様変りて、珍らかなる設だになければ」から理由を読み取る。「設」は、準備やもてなしのご馳走という意味。

問2　直前の「『わぬしの肝をとりて、乙姫君の御薬にすなりといふ事聞きつ』」という海月の言葉を聞き、男は「『さは我を猿と思ひ違へるなめり』」と考えている。後の注釈に、猿の肝は病気を治す妙薬とされていたとあるように、男は猿と間違えられて肝を取られることを「恐ろしう」思ったのである。乙姫様の病気と注釈の内容を加えて、簡潔にまとめる。

問3　男が考えていた「よからぬこと」とは、冒頭の「浦島が子の事を伝へ聞きて、『我も、いかで竜宮に行きて見ん』」というものである。「丹後国に、……」で始まる段落の後半にある「『我は、婿にならむとて、来つるを、……』」から、男の考えを読み取る。

問4　本文で、女に化けた狐が男を竜宮城に連れて行ったのだとされている。その女が登場したのは、冒頭の段落の「ある日、艶やかなる女出来て、……」という箇所からである。

問5　ア　冒頭に「浦島が子の事を伝へ聞きて、『我も、いかで竜宮に行きて見ん』とて、……亀の臥し居るを見て、『是や、竜宮の案内か』とて、甲の上に乗りつつ見ける」「亀はおしに打たれて、ひしげ死にけるもの多かりき」とあるのに合致する。

イ　「女、忽ち大なる亀となりて」とあるので合致しない。

ウ　「『わぬしの肝をとりて、乙姫君の御薬にすなりといふ事聞きつ』」とあるので、合致しない。

エ　「辛うじて、玉の箱盗み出しつ。……素より海辺に生立ちて、かづきする業は、よく練じたりければ、浪かきわけつつ、漸うもとの浜辺に、帰り出たりける」とあるのに合致する。

オ　男が持ち帰った宝の箱の中身について「あけつれば、いささかの光だに見えず。……破れ綻びたるが、ここら入れてありけり」とあるので合致しない。

解答

一 問1 a 自在 b 納得 c 雑誌 d 機嫌 e 相性
問2 (例) いつか人工知能に「ヒトの場所」をとって代わられ、「ヒトの尊厳」が失われてしまうのではないかと人々が危惧しているから。
問3 (例) 心の痛みをもつ人間が傷ついた経験を自分の中で熟成させたことで、相手自身さえ気づいていなかった気持ちに触れられることば。
問4 (例) 人工知能にとって代わられるような優等生ではなく、他者の評価に惑わされず自分自身の価値観で自らの道を行く人間。

二 問1 a 容易 b 有頂天 問2 イ 問3 ウ
問4 私たち~まとう 問5 イ 問6 (例) 嘘つき
問7 ウ 問8 ア 問9 そうしてお 問10 ウ
問11 ウ 問12 スポーツ

三 問1 つかわし 問2 (例) 訴訟で負けた田ではないところまで刈っているのはどういうことか、ということ。
問3 (例) 訴訟で負けたくやしさから相手の田を刈ってしまおうというのは、そもそも筋の通らないことだから、何をしてもいいだろうという理屈。

配点

一 問1 各2点×5 問2 8点 他 各10点×2
二 問1 各2点×2 問2・問6・問12 各3点×3 他 各4点×8
三 問1 3点 問2 6点 問3 8点
計100点

解説

一 (論説文―大意・要旨、文脈把握、漢字の読み書き)

問1 a 思いのままであること。「自由自在」「変貌自在」などの熟語がある。

b 他人の考えや行動を十分に理解してもっともだとすること。「納」の音読みは、他に「ノウ」「トウ」「ナ」「ナン」がある。

c さまざまな記事を載せ、定期的に発行する書物。「雑」の音読みは、他に「ゾウ」がある。

d 表情や態度にあらわれる快不快の感情。「嫌」の音読みは、他に「ケン」がある。

e 互いの性格のあいかた。「性」を「ショウ」と読む熟語は、他に「性分」「気性」「苦労性」などがある。

問2 冒頭「コンピュータが、人類を超える日。」、「このことに、人々が怯えるようになったのはいつからだろう」、また「じゃ、人々が……」で始まる段落「人々が怯える『コンピュータが人類を超える瞬間』ってどこなの?」と同様の内容が述べられている部分から、人類が、コンピュータつまり人工知能に超えられることに対して

第1回 第2回 第3回 第4回 第5回 第6回 第7回 第8回 第9回 第10回 解答用紙

「怯え」ているから生ずる問いだとわかる。さらに、——部1の後に『では、あなたの言う、ヒトの知性ってなに?』」という筆者の問いかけがあり、その後に書かれている筆者と当時12歳の息子とのやりとりに注目する。「ヒトの知性」を、誰もが納得する正解を誰よりも正確に速く出してくる聞き分けのよさだと仮定すると、それは人工知能の得意なことなので、「人工知能にとって代わられる」とされている。人間が「人工知能にとって代わられる」ことは「ヒトの尊厳」が失われてしまうことなので、そのことに対して「怯え」ているからだとまとめる。「怯える」を、危惧する、などの具体的な表現に換えてもよい。なお、「ヒトの尊厳」に「ヒト」とカタカナ表記されているのは、「コンピュータ」と対にするもので、本文の後半「人工知能が、人類を超える日?」で始まる段落では、「人間の尊厳」と表記が換えられている。人工知能が全くおよばないものとして、「人間」と漢字表記されていることにも気づきたい。

問3　直後に「そのことばにこそ、人間の尊厳がある」とあるように、筆者が「人間の尊厳」とする「ことば」とは、どのようなものかをとらえる。具体的には、筆者と当時14歳の息子とのやりとりでなされた「なじられたら、『ああ、大切な人が傷ついている』と心から思えばいい。そう思ったときに、口から自然に出てくることば」である。この息子の「ことば」について、筆者は幼い頃の息子になぐさめられたことを思い出し、「彼は、私が傷ついていると知っていたのだ……！　私自身も知らなかったのに」と述べ、「大人たちが彼にかけたことばが、彼の中で再構成されて熟成され、私の世界観を超えた答えとして返ってきた。入力情報をはるかに超えた化学反応である」と説明している。ここから、心に「痛み」を受けた人間がそのときの経験を自分の中で「再構成」し「熟成」することで、相手が自分でも気づいていなかった本当の気持ちに触れられるようなことばだとまとめる。

問4　人工知能が発達するこれからの時代において「王道の先頭にいない若者」こそが「強さが際立つ」と筆者は述べている。「王道の先頭にいない若者」について、本文の後半で自分の息子を例に挙げ、「どんな人工知能にだって、とって代われない」、「彼は、偏差値は特段高くない。人に羨まれる学歴を持っているわけじゃないし、女たちが振り返る容姿を持っているわけでもない。……迷うこともなく、彼は彼の道を行く」、「彼が『はみ出す存在』だからこそ、人工知能に負ける日に怯えることはない。今までも、そして、これからも」、「そもそも人工知能以前に、誰にも勝っていないし、負けてもいないのだ。他者の評価で生きたことがないので、どんな戦いにも巻き込まれなかった」と述べている。ここから、「王道」は一般的に人々が高く評価することを意味し、「王道の先頭にいない若者」は、その他者の評価から「はみ出す存在」で、「彼の道を行く」者だとわかる。自分の言葉で置き換えながら簡潔にまとめる。

二

(小説―情景・心情、内容吟味、文脈把握、脱文・脱語補充、漢字の読み書き、表現技法)

問1　a　物事が手間なく簡単に行えること。「易」の音読みは、他に「エキ」がある。

b　喜びで夢中になって我を忘れる様子。「有」を「ウ」と読む熟語には、他に「未曾有」「希有」などがある。

問2　直前の文の「熊蜂」は「若い生徒たち」のことをたとえ、「野薔薇」は若い生徒たちが帰ろうとしているそれぞれの田舎をたとえている。——部1には「～のような」などの比喩を表す語がないので、隠喩法を選ぶ。

問3　「愛の方法」は、「私」が思いを寄せる少女である「お前」の心を自分に向ける方法を意味し、同じ段落に、その方法を「私は簡単に会得する」とある。具体的には「お前の気に入っている若者は、お前の兄たち」なので、兄たちと同様に「私」も「スポーティヴ」になるのとあわせて「お前」に対して「親密で、同時に意地悪」に振る舞おうとすることだとわかる。直後の段落で「お前がお前の小さな弟と、……遊び戯れている間、私はお前の気に入りたいために、お前の兄たちとばかり、沖の方で泳いでいた」と「私」の行動が述べられており、この様子を示す内容としてはウが適切。

問4　ここでの「ボイコット」は、団結して特定の人を排除することという意味で、この――部3は、去年の夏に「私」が「お前」の兄たちとともにスポーツをしたときに「お前」を仲間はずれにしたことを言っている。そのときの「お前」の反応が書かれた部分を、指定のⅥの章段から探す。「それにしてもこの……」で始まる段落で「顔だちも……メランコリックになってしまっている」、「去年のように親しげに……口をきいてはくれない」、「去年のように私たちに仲間はずれにされながらも、私たちにうるさくつきまとうようなこともなく」と述べられ、さらに「それにしてもお前が、……」で始まる段落でも「何かにつけて、私を避けようとする」と、「お前」の様子が述べられている。これらのなかから、去年の夏に「私」が「お前」をボイコットしたことによる、そのときの「お前」の反応が読み取れる部分を抜き出す。

問5　直前の段落に「それがお前と遊ぶにはもってこいの機会に見えたので、私はそれを逃すまいとして、すぐ分かるような嘘をついた」とある。「私」はテニスをしたことがないが、「お前」に近づくための便宜上の手段としてテニスの誘いに応じている。その気持ちを「お前」に悟られないように「真面目くさっ」た顔つきになっていると想像できる。

問6　直前の文「私の嘘は看破られたのではなかった。が、お前のそういう誤解が、私を苦しめたのは、それ以上だった」の意味するところをとらえる。「私」は、経験のないテニスができると嘘をついた。実際やってみるとうまくいかず、「私」は「お前」から「本気でなさらない」と誤解を受けて苦しむが、「薄情な奴」になるより、何であった方がましだと思ったのかを考える。直前の文「私の嘘」から、嘘をつく人という意味の三字の言葉を考える。

問7　「頬をふくらませて」は、物事が思うようにならない不満な心情を表す。直前の段落で、テニスができると嘘をついたことよりも、テニスはできるが本気でやらないと「お前」に思わせてしまい、「そういう誤解が、私を苦しめた」と、そのときの「私」の心情が描写されている。「お前」のプライドを損ねたことを悔いる内容が述べられているものを選ぶ。

問8　「宿題」は、Ⅰの章段で述べられていた「田舎へ行って一人の少女を見つけてくること」であり、「見つけてくる」というのは、その少女、つまり「お前」と親しくなることを意味する。「私」は、「お前」とT村へ赴き、「お前」の歓心を得ようとしたが、テニスの一件で「お前」のプライドを損ねてしまっている。このことが「自分の宿題の最後の方が少し不出来」と表現されている。

問9　――部7は、一つ前の段落にあるように、姉の影響のせいか「お前」はすっかり変わり、顔だちもメランコリックになっていることを表す。後の語注にあるように「メランコリック」は、憂鬱な、もの思いに沈む様子を意味する。これに対して、兄の影響を強く受けていたと思われる去年の「お前」の様子が述べられている部分を探す。兄たちはスポーツが大好きで、特にベースボールや水泳、砲丸投げなど屋外でのスポーツをしていた。そのため兄たちの肌は日に焼けていると想像できる。Ｖの章段で、日に焼けて真っ黒であることを得意がる「お前」の様子が描かれている。「お前」の表情が読み取れる「得意そう」を含む一文を抜き出す。

問10　ここでの「苦痛」は、「お前」のそばに恋人としている「青年の出現」によるものである。前にあるように、「血色の悪い、痩せこけた青年」は、「病気のために中学校を途中で止して……講義録などをたよりに独学して」おり、「私」が「お前」の歓心を得ようと振る舞った姿からはかけ離れている。「私」が、「自分の宿題」とした「愛の方法」によって「お前」に近づこうとしていたことは意味がなかったと述べられているウが適切。

問11　直前の段落「しかし、私はその小説の感傷的な主人公たちをこっそり羨ましがった」に着目する。青年と「お前」のことを「小説の感傷的な主人公たち」とはしながらも、「私」が青年に対して共感し始めていることを読み取る。

問12　直後の文に「見ちがえるようにメランコリックな少年になった」とある。これと対照的な表現として、Ⅶの章段の「その青年の……」で始まる段落に「快活そうな少年」とあり、「私」が「お前」の兄たちと泳いだりキャッチボールをしたりする様子が描かれているので、Ⅱの章段の「スポーツ」を入れる。

三

（古文―文脈把握、指示語、仮名遣い）

〈口語訳〉　他人の田を（自分のものだといって所有権を）争った者が、訴訟に負けて、恨めしさから、「その田（の稲）を刈り取ってしまえ」と言って、人をやったところ、まず、途中の田までも刈りながら行くのを（人が見て）、「これは訴訟なさっている田ではない。どうしてこのように（刈るのか）」と言ったので、刈る者どもは、「その（訴訟した）田だって、刈ってよいという理由はないけれども、まちがったことをしようとして行くのであるから、どの田だって刈らないことがあろうか（どの田だって刈る）」と言ったということである。その理屈が、まことにおもしろかった。

問1　助詞と語頭以外のハ行は、現代仮名遣いではワ行になるので、「つかわし」となる。

問2　「『いかにかくは』」は、どうしてこのように、という意味。「かく」は、直前の「道すがらの田をさへ刈りもて行く」ことを指す。訴訟で負けた田ではないところまでなぜ刈っているのかと問われているのである。

問3　ここでいう「理屈」とは、直前の会話の「『その所とても、刈るべき理なけれども、僻事せんとてまかるものなれば、いづくをか刈らざらん』」を意味している。訴訟に負けたからといって、くやしさからその田を刈ってしまおうというのは、そもそもまちがったことであるのだから、どの田を刈ってもかまわないだろう（何をしてもいいだろう）、という「理屈」である。まったくもって理にかなわない屁理屈であり、筆者はそれを「いとをかしかりけり」としている。

第1回 第2回 第3回 第4回 第5回 第6回 第7回 第8回 第9回 第10回 解答用紙

解答

一

問1 A 端的 B 免 C 脅 D 統御 E 窮地

問2 a オ b イ 問3 イ 問4 エ→ア→ウ→イ

問5 (例) 自ら進んで何かを経験しても、それが身体的受苦を伴わない経験であるならば、その経験は内面化されず、自らの生の全体性と結びつかないということ。(69字)

問6 エ 問7 ウ 問8 イ

問9 (例) 中学に入学した頃は体育の時間の持久走が辛くて嫌だったが、部活動で苦しい練習を積み重ねて行くうちに辛さがなくなり、むしろ楽しいと思うようになったということ。(77字)

二

問1 (例) 子供がいないことをさびしがっていた「わたし」の妻は、ロオラの「オカアサン」という言葉や子供の泣き真似、出任せの歌を聞くうちに、自分の子供たちとともに生活をしているような気になり、その子供が何を言っているのかを聞きわけたいと思ったから。

問2 (例) もし鳥屋の店にさらされていた鳥であれば、ロオラが女性と子供たちのいる家庭に育ったという、「わたし」の観察と空想が成り立たなくなるから。

問3 (例) ロオラが「わたし」たちの家庭になつくにしたがって前の飼い主の子供の真似を忘れてしまうため、前の飼い主である夫人が失ったかもしれない子供の追憶にこたえられない鳥になる。

問4 (例) ロオラはかつて飼われていた家の子供たちの真似もしだいにしなくなり、子供のいない「わたし」たち夫婦には慰めにならず、飼い続ける意味がなくなるので、飼うことをやめてしまうと考える。

三

問1 A ウ B イ C エ

問2 灰 問3 付けましょう

問4 (例) 「灰」が死を連想させて、縁起が悪いこと。

配点

一 問1 各2点×5 問2・問6 各3点×3
問5・問9 各6点×2 他 各4点×4(問4完答)

二 問1・問2 各8点×2 問3・問4 各10点×2

三 問1 各2点×3 問4 5点 他 各3点×2

計100点

解説

一 (論説文―大意・要旨、内容吟味、文脈把握、脱文・脱語補充、漢字の読み書き、作文)

問1 A 要点だけをはっきりと示すこと。「端」の訓読みは「は」「はし」「はた」。

B 好ましくない事態から逃れること。「まぬが(れる)」と読むこともある。

C 他の訓読みは「おど(す)」。音読みは「キョウ」で、「脅威」などの熟語がある。

D　全体をまとめて思い通りにすること。「統」の訓読みは「す(べる)」。

E　逃げ場のない苦しい状態。「窮」の訓読みは「きわ(まる)」「きわ(める)」。

問2　a　国際経済や政治の大きな変動を乗り切るために役に立たなくなったものは何かを考える。直前の「出来合いの」は今まであった既成のという意味で、「海図」は方法を示したものをたとえている。直後の段落に「既成の理論や価値」という語がある。

b　直後の「うちに残さない」という表現にふさわしいものを選ぶ。二つ後の段落の「受動性の刻印」がヒントになる。

問3　「ここに」とあるので、前の内容に着目する。同じ段落で「既成の理論や価値などを、もう一度再検討すること、……思想や理論が生成されるところにまで降りていき、そこに知の再組織の手がかりを得ることが必要」と筆者は考え、「〈経験〉であり〈身体〉」が、その「手がかり」となると述べている。

問4　直後の「私たちの振舞いにまったく〈能動性〉がなければ、……能動性は経験のもっとも基本的な要因である」に相当するエが最初となる。次に、同じ段落の「ここで必要なのは、身体によって支えられ、持続性に与えられた能動性である」に相当するアが続く。その次の段落に「私たちは、身体をそなえた主体として存在するとき、……受苦的な存在になる」とあり、これはウに相当する。続く「能動性を持ちながら……受苦を感じることによって能動性を深める」、あるいは、「すなわち、……」で始まる段落の「パトス＝受苦に晒されているということは、……私たちの一人ひとりは、いっそう深く現実とかかわるようになる」という内容を表すイが最後になる。

問5　「経験」に対して、「能動性」だけではなく「パトス＝受苦」がなければ、「抽象的なものにとどまり、空まわりする」と述べられている。この「空まわり」が意味するものを補ってまとめる。「私たち人間は……」で始まる段落で、「経験」について「経験というものが私たち一人ひとりの生の全体性と深く結びついている」と述べられている。したがって、「パトス＝受苦」を伴わなければ、どのような経験も自らの生の全体性と結びつかないことが「空まわり」と表現されている。

問6　直前の文「自己(私)も現実(世界)も、そうした根源的経験の分化したもの」に着目する。「経験」が分化して「自己(私)」が生まれる、と筆者は述べている。一般的には「自己(私)」があって初めて「経験」ができると考えられている。

問7　後の文で「経験のありようをつきとめていくとき、そこで自己(私)と現実(世界)とがもっと密接にかかわり合う根源的な経験というものを、どうしても認めないわけにはいかない」と説明されている。「自己(私)と現実(世界)」が「密接にかかわり合う」ことについて、直前の段落で「私たちの自己が決して簡単に自立しうるものではない……他者や世界との関係性のなかにこそある」、「その結果、私たちの一人ひとりは、いっそう深く現実とかかわるようになる」と述べられており、この内容に合うものを選ぶ。

問8　イの「自己と他者との矛盾を解決する糸口が見つかるようになる」という内容は、本文で述べられていない。

問9　「異化する」は、漢字の意味から、異なった存在に変化する、という意味だと推測する。直後の文で「経験は私たちを面くらわせて辛い立場に、いやしばしばキュウチにさえ追いこむ……やがてそれがいっそう確実な自己同定、いっそう堅固な自己確立をもたらす」とある。ここから、辛い経験を経たことで自分が変わり、そのことについて自分はどのように感じたかを具体的な例を含めてまとめる。

二

（小説—情景・心情、内容吟味、作文）

問1　——部①を含む文の前半の内容から「わたし」も妻も、ともにロオラの片言交りの言葉を聞きわけて楽しんでいるが、二人の楽しみ方には違いがあることが読み取れる。同じ段落の「(——彼女、わたしの妻には子供がなかったのです。時々それをさびしがるようなことを言うことがあります)」という妻の背景をふまえて、なぜ妻がロオラの言葉を解釈することを努力しているのかを考える。直後の段落の「ロオラのきれぎれな言葉は……わたしの妻には子供たちの生活を思わせた」や、「そこでわたしは……」で始まる段落の「ロオラが……わたしの妻にはいくたりかの子供たちを思わせて彼女の母性を満足させている」という部分に着目する。夫である「わたし」が、ある家庭を想像して楽しんでいるのに対して、子供がいないことをさびしがっていた「わたし」の妻は、自分の子供とともに生活をしているような気になっている。その子供の声を聞きわけるために「努力」しているのだとまとめる。

問2　ロオラの言葉は、直近にロオラが暮らしていた環境で得たものである。「わたし」や妻は、ロオラの言葉が母や子どものいる家庭のものであると想定しているが、もしロオラがそうした家庭で飼われていたのではなく単に鳥屋の店先にいたのであれば、「わたし」たちの想像は根本から成立しなくなってしまう、ということを理由としてまとめる。

問3　「別のロオラ」という表現は、「もとのロオラ」が存在することを前提にしている。「もとのロオラ」とは、前の飼い主に飼われていた頃、またその頃に聞き覚えたと思われる声を真似するロオラのことである。前の飼い主の家庭には複数の子供がおり、さらに幼い「ボーヤ」の存在があったことも想像させる。現在の飼い主である「わたし」にロオラはこうしたことを示唆するが、時間が経ち、子供のいない「わたし」たちの家庭にロオラがなつくにしたがって、子供の真似をすることも少なくなってしまう。また——部3の直前にもあるように、「わたしの想像する寂しい夫人は、年月とともに愛児を失った真実の悲しみが少しずつうすらぐとともに、……その児のなつかしい追憶のために、その子の声に生きうつしのロオラに逢いたいと思いはしないだろうか」と「わたし」は心配している。前の飼い主である夫人の愛児の声に生きうつしの言葉を話すことができない鳥になってしまうのである。「なぜ」「どのような鳥になる」のかを明らかにしてまとめる。

問4　飼い続ける、飼い続けない、いずれの意見でもよいが、そのように考える根拠を、本文の内容に基づいてまとめることが重要である。ロオラという鳥は、飼われている環境から聞こえる声を覚えて真似る。かつての飼い主には「ボーヤ」という幼い子供がいたようだが、「わたし」はその子が亡くなったのではないかと想像し、ロオラの飼い主であった母親は、悲しみのあまりロオラを別の鳥と取り換えてしまうが、やはり「ボーヤ」の泣き声に生きうつしの言葉を話すロオラは、「その児のなつかしい追憶」になるのではないかと「わたし」は想像している。しかし、「わたし」たちがロオラを飼い続けることは次第にロオラの前の飼い主の記憶を薄れさせ、現在の飼い主である「わたし」たちの環境だけになじむことになる。最終段落の内容から、ロオラが以前の飼い主の手に戻るわけではないが、以前の飼い主の「世界」をロオラが消し去ることに、「わたし」は一抹の悲しさと不安を感じていることが読み取れる。この部分に触れながら、「わたし」がロオラを飼い続けるかどうかを提示し、まとめる。別解として、「飼い続ける」を選んだ場合、「『わたし』を真似てなついてきているロオラは愛しい存在であり、『わたし』たち夫婦にとって家族の一員のように感じられ、子供の声を真似るロオラではなくなったとしても、飼い続けると考える。」などとしてもよい。

三

(古文―文脈把握、脱文・脱語補充、品詞・用法、仮名遣い)

〈口語訳〉 ある寺の住職に、大変縁起かつぎをする人がいた。大みそかに小僧を呼んで、「明日はどんなことでも縁起の悪いことは言うな」と言いつけなさった。そして元日の朝、小僧が、いろりの火を吹こうとして、灰を吹きあげて、住職は頭から灰がかかったので、(縁起が悪く)とんでもないことだと心配なさって、めでたいことに改めなくては(縁起が)悪くなるだろうと思って、「おい小僧、一句詠むので、めでたく祝いなさい」と言って、

小僧こそ福ふき懸けるけふの春(小僧が福を吹きかける新春だなあ)

(と詠んで)「何でもめでたいぞ」とお喜びになったので、小僧は、「私が、(その後の句を)付けましょう」と言って、

お住持様の灰にならしやる(住職様が灰になられた)

と付けたので、(縁起が悪いと思った住職は)たいそう心配した。

問1 A 対象を表す格助詞「を」があてはまる。

B 動作の対象を表す格助詞「に」があてはまる。

C 引用を表す格助詞「と」があてはまる。

問2 小僧が吹いて住職の頭にかかった灰のことを、縁起が悪いので「福」と言い直している。

問3 歴史的仮名遣いの「エ段＋う」は、現代仮名遣いでは「イ段＋ょう」となる。ここでは、「付けませう」の「せう」が、「しょう」となる。

問4 前の小僧が付けた句を聞いて、住職が心配した内容を考える。小僧の句の「灰」は、死後火葬されることを連想させる。縁起かつぎをする住職は、小僧が「お住持様の灰にならしやる」と詠んだことを、縁起が悪いと案じたのである。この内容を簡潔にまとめる。

解答

一

問1 ① 偽造 ② 便宜 ③ 応募 問2 イ

問3 ウ・エ・カ 問4 (例) 学歴や経験などによって恣意的につくられ、無視できない現実に接するとその都度見直されることでつくりあげられるものである。(59字)

問5 A (例) 自分が自分であることを承認しようと(17字)

B (例) ほんとうのわたしがどこにどんなふうにあるのか、その存在の証明さえ不可能であること(40字)

二

問1 a かや b なんど c うちわ

d むねあげ 問2 A オ B イ C エ

問3 (例) 来ているに相違ない

問4 下図

問5 横 問6 F エ G オ

H ウ I イ J ア 問7 ウ

恭三
母 浅七 父

問8 (例) 自分宛てでもない内容の乏しい手紙を、父だけでなく母からも、どうしても読めと執拗に命じられて面倒なうえに、不快な灰の香や蚊までにも責められるように感じた(75字)

問9 (例) 恭三には言うことを聞いてほしい(15字)

問10 イ 問11 (例) 緊張した場を和ませるかのように猫が現れたが、父はその猫にも八つ当たりをした(37字)

問12 オ 問13 (例) 文字の読めない父や母を無意識のうちに見下していたのではないかという自分の傲慢さに気づき、自分が間違っていたのではないかと居心地の悪さを感じている(72字)

三

問1 イ 問2 ウ 問3 ウ 問4 ア

問5 鳥羽の法皇(が) 北野[右近馬場](へ)

問6 御衣 問7 イ

問8 (例) 小大進が参籠した北野の神である菅原道真は小大進と同じような経験をしており、小大進の辛い気持ちが込められた和歌に心を動かされたから。

配点

一 問1 各1点×3 問2 2点 問3 4点(完答)
問4 7点 問5 A 3点 B 4点

二 問1 各1点×4 問3・問9 各3点×2
問8・問13 各7点×2 問11 5点
他 各2点×13

三 問5 3点(完答) 問8 7点 他 各2点×6

計100点

解説

一 (論説文―大意・要旨、内容吟味、文脈把握、脱文・脱語補充、漢字の読み書き)

問1 ① にせものをつくること。「偽」の訓読みは「にせ」「いつわ(る)」。

② ある目的によって好都合なこと。「宜」には、他に「時宜」「適宜」などの熟語がある。

③ 募集に応じること。「募」の訓読みは「つの(る)」。

問2 直前の「『あのひとは慈善家なんだって』」「『彼女は司法試験に一発で合格したんだって』」などの「評価」は、ふつうどのような評価とされるかを考える。直前の文に「いい意味でつかわれることばではない」とあり、「しかし」という逆接から始まる文の一部であることも確認する。

問3 ――部1以降に「ラッキョウの皮のあれこれを手がかりにして他人の肖像を心のなかに描く……そうしてできあがった『プロフィール』によってわたしたちはひとを判断する」、また最終段落に「世間は外側にある何枚、何十枚、いや何百枚もの皮、すなわちモノサシを用意してひとを評価している」とある。ここから、「ラッキョウの皮」は、どのような人なのかを判断する基準などになり得るものの意味で、アの「身分証明書」、イの「名前」、オの「学歴」が含まれる。ウの「モノサシ」は、「ラッキョウの皮」という語の言い換えではあるが、人を評価する要素とはなり得ないので異質なものになる。

問4 指定用語の「恣意的」は思いつくままに自由にという意味であり、――部2の「変数」は一定の範囲内でいろいろな値をとって変化する数という意味である。「プロフィール」とはどのようなものかと問われているので「プロフィール」について述べられている部分を探すと、「といって、……」で始まる段落に「世間は特定の人間の輪郭を描いてそれぞれのひとのイメージをつくっているのである。そのイメージが『プロフィール』である。日本語でいえば『人物像』とでもいうべきか」とある。この「世間は特定の人間の輪郭を描いてそれぞれのひとのイメージをつくっている」という部分を「恣意的」と表現する。さらに、――部2の直前の段落に「『プロフィール』によってわたしたちはひとを判断する。その思い描いた人物像を基準にして」、「ときにモノサシと現実がちがうと……ひとを『見直す』のである」とある。この「見直す」が「変数」に相当する。指定用語の「現実がちがうと」という部分を、「無視できない」という用語を用いて、無視できない現実に接すると、などと置き換えてまとめる。

問5 「承認」はそのことが事実であると認めるという意味。空欄の前後の文脈から、「『わたし』という劇」の例を用いて、「わたし」は何をしようとしたが、どんなことに気づかされてしまうのか考える。[I]の文章に「自己証明は不可能にちかい。……『自己が自己であることの証明』は不可能なのである。あるいは『アイデンティティ』というものがどこにどんなふうにあるのか、それもわからない」とある。ここから、「わたし」がしようとしたことは、自分が自分であると承認しようとしたことであり、気づかされたのは、ほんとうの「わたし」などというものがどこにどんなふうにあるのかはわからないということだとわかる。最終段落の「そもそも『全人格』などというものがある、というのが錯覚なのである」という内容も付け加えたい。

[二] (小説―情景・心情、内容吟味、文脈把握、脱文・脱語補充、漢字の読み書き)

問1 a 麻や木綿などを網状に織り、夏に蚊などを防ぐために寝室に設けるもの。

b 衣類や調度類をしまっておく部屋。「納」には他に「ノウ」「ナッ」という音読みがある。

c 竹などで作った骨に紙や布などを張り、あおいで風を起こす道具。

d 建築物の骨組みができて、その上に棟木を上げることを祝う儀式のこと。

問2 A 少し後に「淋しい平凡な生活」とあり、この内容を「訴えた」のだと考える。

B 直前の文に「どんなつまらぬ事でも書いた」とあり、その具体例となるものを答える。アは「つまらぬ事」ではない特別な出来事なので、あてはまらない。

C 直前に「何にも書くことがなくなると」とあるので、出来事ではないものを選ぶ。この時代にはまだテレビは存在しない。

問3 直後の「一種の予望を無理にでも抱いて」という部分に着目する。恭三は「誰からか手紙が来て居ればよい」と思いつつ帰宅するが、単に来ていればよいと思うだけでなく、来ているにちがいないという確信を持つことで、自分の心に楽しみを与えていることを読み取る。

問4 蚊帳は天井から吊るすと立方体または直方体になる。父、母、弟(浅七)の三人はすでに蚊帳の中に入り、横になっている。後に恭三は「自分の部屋へ行こうとして」とあるので、蚊帳の中にはいない。これらのことが表せていればよいだろう。

問5 後に「洒落」とあることから考える。布団の上に寝た状態を、「横に立って居る」と言っているのだと考えられる。

問6 F 直前の「急に張合が抜けて」に合う語が入る。

G 本来、父が答えるはずのところを、弟が代わりに答えている。

H 恭三に手紙を読んでほしいと依頼しているときの父の様子であることから判断する。

I 後の文に「あっさり読む気にはなれなかった」とある。恭三は、自分宛ての手紙ではないので、それを父のために読むのが面倒なのである。

J 恭三は、手紙とはがきのあるだいたいの場所がわかっていながら、わざと尋ねている。

問7 直前の「父親の調子は荒かった」ことに対する恭三の反応である。恭三にとって「意外なこと」は、手紙を読んでほしいという父の依頼に対して恭三の読みたくないという気持ちが伝わったことで、父が機嫌を損ねてしまったことを意味している。

問8 恭三は、友人からの自分宛ての手紙が届いていることを期待して帰宅するが、その期待は裏切られる。代わりにさして急用でもない本家の娘からのはがきと清左衛門からの手紙を読むよう父母に頼まれるが、いくら懇願されても、精神的落ち着きを失った恭三はそれをわずらわしく思い、容易に応じることができないという状況である。さらに、灰の匂いや蚊の襲来などが恭三の精神に追い打ちをかけるような情景が描写されている。これらの状況と情景を合わせてまとめる。

問9 直前の段落の「恭三の素気ない返事がひどく父の感情を害したらしい」や「『そうか、何ちゅうの―。』と不平らしく恨めし相に言った」から、「父の心」を推察する。手紙とはがきを読んでほしいという母の依頼に対し、恭三はそれらを一字一句読んで聞かせるのではなく、自分だけが読み「『別に何でもありません。八重さのは暑中見舞ですし、弟様のは礼状です。』」と素っ気なく答えるだけである。恭三が自分の言うことを聞いてくれないという父の不満な心情をまとめる。

問10 自分の思い通りに手紙を読んでくれなかった恭三に対して、あえて「大いに御苦労でござった」と父はねぎらいの言葉をかけている。遠回しに意地悪く相手を非難する意味を表す語が入る。

問11 父と恭三だけではなく、父と母、弟までもが蚊帳の中で争っている状況で、母と弟が笑いだした理由をまとめる。家族が争う緊迫した場面に猫が現れ、腹を立てている父はその猫にまで八つ当たりをして怒鳴りつけたので一座が和んだから、と状況を簡潔に述べ、理由としてまとめる。

問12　直前の「『だってお父様、こんな拝啓とか頓首とか……お父様には分らんと思ってああ言ったのですよ。悪かったら御免下さい。』」という恭三の言葉に対して、それがどういうものであると父が言ったのかを考える。自分の過ちを素直に認めないで強情をはる様子を意味する語が入る。

問13　直前の段落の「『そりゃ私の手紙は言文一致で……』」という会話から、恭三がやはり文字を読めない父を見下している心情がうかがわれる。その会話をさえぎり「『もう宜い!!』」と父に言われ、その後父が黙ってしまったことに対する恭三の「妙な気持」の正体をとらえる。恭三は、父の変わらぬ不機嫌さを通じて、文字の読めない無学な父や母を高慢にも無意識のうちに蔑んでいたのではないかということに気づき、自分のとった態度が間違っていたのではないかというばつの悪さを感じていることを、「妙な気持」の内容としてまとめる。

三

（古文―主題・表題、内容吟味、文脈把握、口語訳、文学史）

〈口語訳〉　鳥羽法皇の時代、待賢門院に、小大進という女房がお仕えになっていた。（中宮の）御衣一そろいが紛失したのを、（小大進が盗んだという）ぬれぎぬをかけられて、（小大進は）北野に七日間参籠して、起請を書いて、過失を犯さないように気をつけていたが、あやまって香水をこぼしてしまったので、（彼女の）監視役が、「これは過失だ」と申したのに対し、（小大進が）「あやまちは、世の中によくあることです。お許しください」と、ひたすら申したので、（監視役は）許した。そして（小大進は）紅の薄様に（歌を）書いて、神の御前に奉った。

思ひきや　なき名たつ身は　憂かりきと　荒人神に　成りし昔を

（北野の天神さまも思いましたか、根も葉もない評判が広がって辛かった過去を）

その夜、鳥羽法皇の御夢に、まことに気高く高貴な老人が、束帯姿で（法皇の枕元に立って）「使者を遣わしてください、すばらしいことがございますので、お見せいたしましょう。私は北野右近の馬場でお仕えする者です」と、おっしゃった。そして、（鳥羽法皇は）急いで使者を遣わせた。（使者が北野右近の馬場で）この（小大進の）歌を見つけ（たことを法皇に）申しあげると、すぐにその日、女院の御所でしきしまという女官と、法師の二人が、（紛失した御衣を）かぶって獅子舞になり、御衣を持って何かにとりつかれたように激しく舞って参上した。その後、小大進をお呼びになったが、「日ごろ、（待賢門院さまが私のことを）心がけの悪い者とお思いになっておられるから、このような辛いこともございましたのでしょう」と、（そのまま）仁和寺に籠って、参上しなかった。

問1　アは後鳥羽院、ウは阿倍仲麻呂、エは紀貫之、オは藤原定家の和歌。

問2　「許してけり」は、神前でうっかり香水をこぼしたことを潔く認めたうえであやまちは世の中によくあることだと言う小大進に対する、「仰せ付けられたる人」の様子であることから判断する。

問3　小大進が参籠している北野天満宮に祀られている「神の御前」のことになる。

問4　――部④の「思ひきや」は思っただろうか、「なき（無き）名」は根拠のない噂、「身」は自分の身の上、「憂かりき（憂し）」は辛く苦しいという意味である。根拠のない噂で左遷させられた、北野天満宮の神である菅原道真に問いかけるような形で、小大進が今の自分の置かれた状況を重ねて詠んだ歌である。

問5　直前の「『御使者給はれ、目出たき事の候ふ、見せ参らせん。我は北野右近馬場に候ふ者なり』」という夢枕に立った老翁の言葉を受けて、鳥羽法皇が「御使者」を北野(右近馬場)へ派遣したのである。

問6　「かづく」はかぶって、という意味。直後に「御衣を持ちて」とあるのに着目する。しきしまという女官と法師の二人が、紛失した待賢門院の御衣をかぶって、ということになる。

問7　小大進が待賢門院のもとに参上しなかったいきさつをとらえる。法皇の夢に神が現れ、その神の言われた通りに紛失した御衣をかぶった女官のしきしま(＝御衣を盗んだ犯人)が参上したことで小大進の無実が明らかになり、小大進は呼び戻されたのである。本文最後の「『日来、心わろき者と思し召されてこそ、かかる心憂き事も侍れ』」と言う小大進の発言にふさわしい説明を選ぶ。

問8　小大進が神前に奉った和歌は、御衣を盗んだぬれぎぬを着せられた辛さを詠んだものである。小大進が参籠した北野に祀られている菅原道真は、右大臣にまでなったが心ないうわさによって九州の大宰府に左遷させられ、京に戻ることなくそのまま大宰府で一生を終えている。その菅原道真の一生をふまえて、小大進はこのような和歌を詠んだのだということを簡潔に述べる。加えて、菅原道真は、自分と同じように無実の罪に問われた小大進の和歌に心を動かされ、小大進を助けたのだと説明する。

解答

一

問1 一切の利害や善悪を忘れて(12字) 問2 新しい原理～装備の開発 問3 ウ 問4 A イ B エ
問5 (例) 開発費の不足に悩む研究者が、防衛省からの資金提供を受けて軍事研究に従事させられること。 問6 ウ
問7 (例) 科学者が、研究費が多いほど自由に研究ができ、科学を発展させられると考えること。
問8 a 由来 b 精力 c 至上

二

問1 (例) 誰にも見られる心配がないと安心して、持参した一高の帽子を被り勝手な空想に耽ることを存分に楽しむ心情。
問2 (1) (例) 自分が一高の生徒で子爵の子息だと思われていることへの照れくささと恥ずかしさ。
(2) (例) 自分が秋元子爵の子息どころか一高の生徒でもないことが露見することへの不安な心情。
問3 (例) 一高の生徒でもないのに一高の帽子を被り、貴族の息子であるとまで思わせて女性の心を動かすなど、自分を偽ることに激しい自己嫌悪を感じ、悔恨に耐えられなくなった心情。

三

問1 イ 問2 エ 問3 ウ 問4 イ
問5 オ 問6 ア 問7 エ 問8 ア・エ
問9 ウ 問10 数 問11 オ

配点

一 問5・問7 各6点×2 問8 各2点×3 他 各3点×6
二 問1 8点 問2 各6点×2 問3 10点
三 問8 4点(完答) 他 各3点×10
計100点

解説

一 (論説文─内容吟味、文脈把握、脱文・脱語補充、漢字の読み書き)

問1 ──部①の「社会的意味」とは、社会にとって意味や意義があるのかどうかということ。科学者が「謎の解決に夢中になって」いるときに、社会にとって意味や意義があるのかどうかを考えない様子が述べられている表現を探す。直後の段落に「科学者も技術者も、謎の解決や創造という目標のために、一切の利害や善悪を忘れて打ち込む」とあるのに注目する。

問2 直後の「ロボットやナノテクノロジーを利用した兵器や海中を自由走行できる無人兵器」という例に相当する部分を抜き出す。「兵器」「無人兵器」とあるので、直前の文の「新しい原理や方式による武器や装備の開発(19字)」を指す。「レーダー光を完全反射する表面素材や軽量だが強い剛性の金属素材などの開発」という例を挙げている「後者」は、直前の文の「防御手段の研究」を指すことも確認する。

問3 直前の文で「軍事研究が常に『世界初』を目指しているためで、それが科学者・技術者が軍事研究を行う大きな魅力となっている」

と理由が述べられている。「このように、……」で始まる段落にある「科学者も技術者も、謎の解決や創造という目標のために、一切の利害や善悪を忘れて打ち込む」という「科学者・技術者」の特性をふまえる。

問4　同じ段落の内容から、「軍拡競争」が、どのように「エスカレートする」のかを考える。「膨大な開発費用がかか」っても、「常に少しでも敵を上回る装備を整えておきたい軍は、可能性が見えれば、その開発経費を値切ることはない」「絶えず敵の攻撃の危険性を言い立て、……圧力をかける」といった状況では、「軍拡競争」は、必ず、しかも絶えることなくエスカレートしていくのだということが読み取れる。[A]には必ずという意味を表す語句が、[B]には止まることなくという意味を表す語句があてはまる。

問5　「徴兵制」は、兵役義務を課して強制的に軍隊に編入させる制度のこと。直前の文の「研究者を……軍事研究に引っ張り込む」ことを指している。研究者が、なぜ「防衛省のファンディング制度」を利用して軍事研究に従事せざるを得ないのかという理由を加えてまとめる。

問6　「さらに、……」で始まる段落に「民生利用へのスピンオフが起これば、……最初は独占的に商売できることもある」とあるが、「最初は」と限定されているので、限定していないウは不適切。

問7　「ひとり合点」とは、自分だけでよくわかったつもりになること。科学者が個人的に思い込んでいるのは、どのようなことかを考える。直後の「私たちは……少しでも金が使えそうであると、何でもできるかのような幻想(錯覚)を持つものなのである。これが『研究費の高さ＝研究の自由』と考える原因」という部分に着目する。この「少しでも金が使えそうであると、何でもできる」や『研究費の高さ＝研究の自由』」が、科学者の「ひとり合点」にあたる。「研究者にとって……」で始まる段落の「研究費が多ければ研究の自由度も大きい」や、「科学者が……」で始まる段落の「科学者が軍事研究に魅力を感じるもう一点は、科学を発展させることができると思い込めること」などの表現をふまえて説明する。

問8　a　たどってきた筋道。「由」の音読みには、他に「ユウ」「ユイ」がある。

b　物事を成し遂げていく力。「精」の他の音読みは「ショウ」で、「精進」などの熟語がある。

c　最高とすること。「至」の訓読みは「いた(る)」。

二

(小説―情景・心情、内容吟味)

問1　「足がすくむような羞しさ」は、だれもいないと思っていた山道で、二人の「美しく若い娘」が歩いているのを見たときの「私」の心情である。「それまで」の「私」の心情が述べられている部分を探すと、「私は宿を出る時から、……」で始まる段落に「気恥ずかしい思いなしに、勝手な空想に耽れる」、「私は書生袴に帽子を被り、……右の肩を高く怒らし、独逸学生の青春気質を表象する、あの浪漫的の豪壮を感じつつ歩いて居た」と描かれている。冒頭の段落や「その頃……」で始まる段落にある「熱情」とは、一高の帽子を被ってみたいという「私」の願いを意味していることから、「私」はだれもいない山道で、気恥ずかしい思いなしに、一高の帽子を被るという願いをかなえて一高生になった気分を楽しんでいたのだとわかる。

問2　(1)　「はにかみ(はにかむ)」は、恥ずかしそうな態度や表情をすること。「姉妹であるところの、美しく若い娘」のうち、「姉の方の娘」の「『失礼ですが、あなた一高のお方ですね？』」や「『秋元子爵の御子息ですね。私よく知って居ますわ。』」という言葉を聞いたことによる「私」の否定の言葉を信じず、自分の思い込みが正しいと確信して「私」を見つめている女に対して、「私」が一高の生徒でかつ貴族階級の子息であるにふさわしい様子なのではないかと思い、はにかんだのだと推察できる。

(2)　「懸念」は、気にかかって不安に思うこと。どのような不安なのか、前の「私」と女との会話から読み取る。帽子のせいで「私」は女に一高の学生と思われ、さらに「秋元子爵の御子息」とまでも勘違いされているが、実際は一高の生徒ではないということが露見するのではないかと不安に思ったのである。

問3　――部3は、「私の下駄に踏みつけられていた」帽子の無残な姿を描写しており、直前の段落にあるように、帽子は「私」の「双手に握ってむしり切」られたものである。さらに前の段落「私は悔恨に耐えなくなった」が、「私」が帽子を「むしり切」った理由にあたる。「悔恨」は、過ちを後悔し残念に思うことを意味しているので、「私」の「悔恨」は何によるのかを考える。「かなかな蟬の……」で始まる段落の「自分を偽っている苦悩に耐えなくなってた」が「悔恨」の言い換えにあたり、それは一高の生徒でもないのに一高の帽子を被り、貴族の息子でもないのに女に「『若様』」と呼ばれて「好い気になって」いることを「私」が自覚したことによるものである。かつては「私」の「熱情」の対象であった一高の帽子が「私の下駄に踏みつけられていた」というのであるから、「私」の激しい自己嫌悪の心情が感じられる。「私」が「熱情」にとらわれ一高の帽子を被り自分を偽ったことを具体的に述べ、そのことによって自己嫌悪に陥った心情であるというようにまとめる。

三　(古文―情景・心情、内容吟味、文脈把握、脱文・脱語補充、語句の意味、品詞・用法、口語訳、文学史)

〈口語訳〉　これと同じことに思ったのは、一人一人に人魂というものがあるいわれを、一流の人が、明らかなことであるようにおっしゃるけれども、はっきりと受け入れにくいことでございませんか。北国の人が言うには、越中の大津の城とやらを、佐々内蔵介が、攻めなさったときに、城が強く防ぐといっても、多数(の敵)が押し寄せて激しく攻められましたので、城中(で守る勢力)は弱って、もはや明日には討ち死にしようと、(男たちが)次々と死にゆくあいさつをしたので、女も子供も泣いて悲しむことたいへんなことである。たいそう哀れに見えました。このようにしているうちにすでに日も暮れかかったところ、城の中から天目茶碗ほどの大きさの光る玉が、いくつと数えられないほど、飛び出てきたので、集まってきた人々は、これを見て、「あっ城の中(の人々)は死の覚悟を決めたのだ。あの人魂が出てくるのを見ろ」と、我も我もと(人が集まり)見物したのだった。

これによって、降参をして城を明け渡し、命が助かりますようにと、(敵方が)さまざまに交渉をお入れになったので、内蔵介が、この内容に同意して、調停が成立した。「それでは」と、(城中の人々は)身分の高い者も低い者もたいそう喜んだ。そのようにしてその日も暮れたところ、昨日飛んだ人魂が、再びすべて残らずどこからか出てきたのだろう、城の中をさして飛び戻ったのだった。これを見る人はどれほどか数がわからないほどだ。不思議なことである。

問1　「肯く」は受け入れる、「～がたし」はすることが難しいという意味である。「歴々の人」が「歴然のように」おっしゃるけれど、本当にそうだろうかと作者は読者に問いかけている。本文前の設問文に「『……実際に自分の目で見ないことにはそんなことが本当にあるのか疑わしいものだ』という作者の主張の後に続く文章」とあることも参考になる。

問2 それぞれ、アは近江、イは越前、ウは加賀・能登、オは越後が旧国名である。

問3 「ほどに」には、時間の経過を示す「～しているうちに」と、理由を示す「～ので」の意味がある。Aは、直前の「多勢の……攻め申さるる」が、直後の「城中弱りて」の理由となっている。Bを含む「かかるほどに」は、このようにしているうちにという意味合いなので、時間の経過を表している。Cは、直前の「光り玉、……飛び出でける」が、直後の「寄せ衆、これを見」の理由となっている。

問4 直前の「すでにはや明日は討死せんと、おひおひ暇乞ひしければ」が理由にあたる。「暇乞ひ」をしにきたのは、「女わらんべ」以外の人間である。

問5 「天目ほどなる光り玉」が、どこから「飛び出」てきたのかを考える。本文の最後に「昨日飛びし人玉、……城中さして飛びもどりけり」とある。

問6 直前の「降参して城をわたし、一命をなだめ候ふやうに」が、「扱ひ」の具体的な内容を指している。

問7 直前の文「かかるによりにて、降参して城をわたし、一命をなだめ候ふやうにと、さまざまな扱ひを入れられければ」と、直後の文「『さては』とて、上下喜ぶ事かぎりなし」をつなぐ内容を考える。降参して城を明け渡すかわりに命は助けようという条件に同意して、調停がととのったという内容の現代語訳が最もふさわしい。

問8 「佐々内蔵介」は「大津の城」を攻めているので、城の中にいる人は「佐々内蔵介の敵方」である。アは「城」なので「佐々内蔵介の敵方」。イは城を攻めている「多勢」なので「佐々内蔵介方」。ウは城の外にいる「寄せ衆」なので「佐々内蔵介方」。エは内蔵介との調停が成立したことによって喜んだ、城中の「上下」なので「佐々内蔵介方」。

問9 本文中の「光り玉」あるいは「人玉」は、どのようなときに飛び出し、どのようなときに飛びもどってきたのかを考える。城中で男たちが死の覚悟を決めたときに飛び出し、和議の調停が成立し、死を免れたときにもどってきたのであるから、「光り玉」「人玉」は、人間が持っている命の証である「人魂」の意味だとわかる。この内容が述べられているものを選ぶ。

問10 前の「幾許」は、どれほどのという意味になる。［B］の後に「知らず」とあるので、わからないのは「数」になる。数え切れないほどの人が、人魂を見たという内容になる。

問11 オは芥川龍之介の小説で、大正時代に発表されたものなので、江戸時代に成立した作品としては不適切。

一

問1 ⓐ ⓑ ⓒ ⓓ ⓔ

問2

問3

問4

問5

問6

問7

問8

二

問1 Ⅰ Ⅱ Ⅲ Ⅳ

問2 (1) 語 (2) 語

問3 A B

問4 ・

問5

問6 ～

問7

問8

問9

問10

三

問1

問2

（読み方）

（季節）

問3

問4

売主が人を　　　　という意味と、牛が人を　　　　という意味。

三 ／16　二 ／49　一 ／35　／100

一

問1 a b c d って e

問2

問3 Ⅰ Ⅱ

問4 i ii iii

問5

問6

問7

問8

問9

問10 (1)

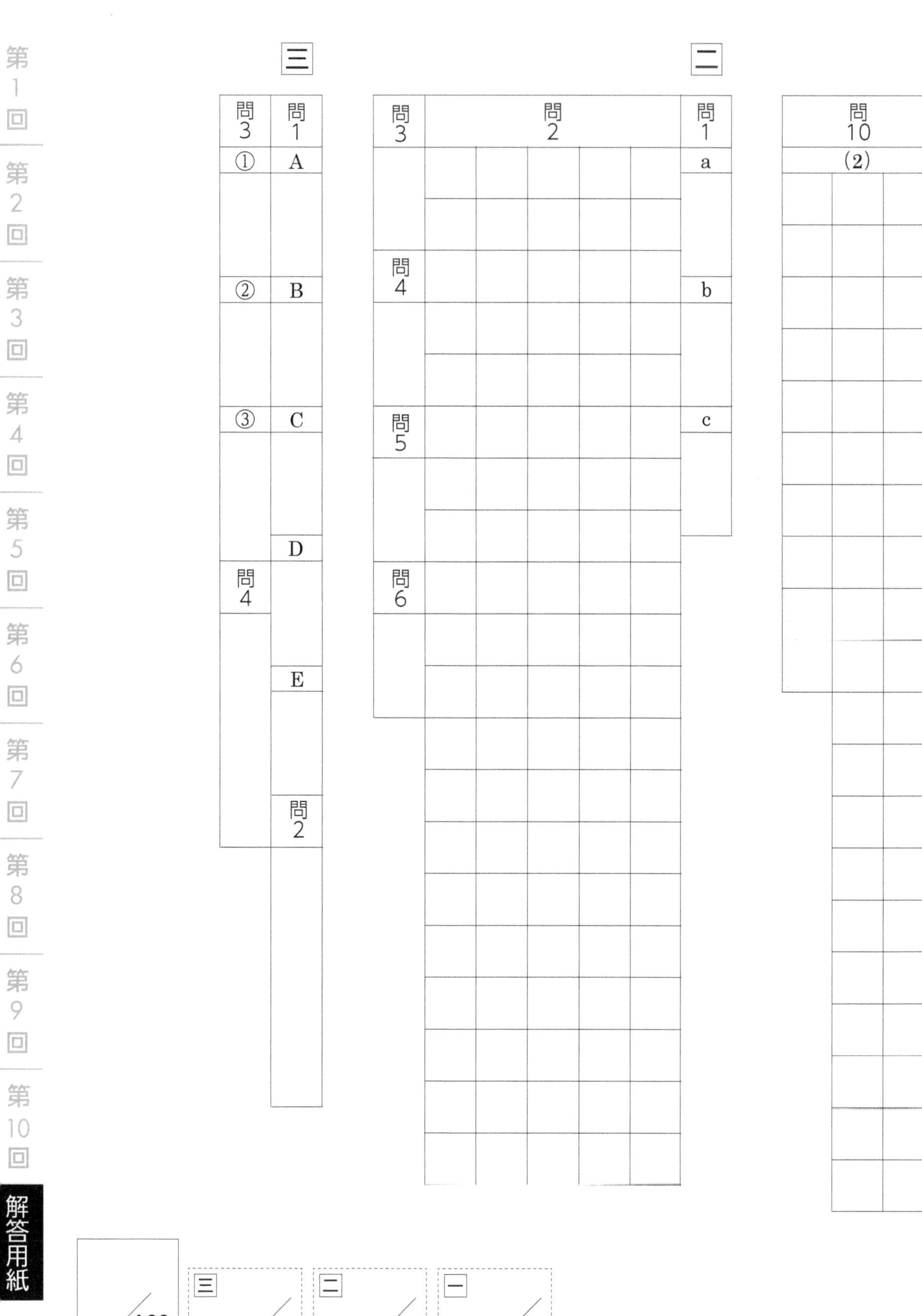
三
問3
問1
①
②
③
A
B
C
D
E
問4
問2
二
問3
問2
問1
a
b
c
問4
問5
問6
問10
(2)
第1回
第2回
第3回
第4回
第5回
第6回
第7回
第8回
第9回
第10回
解答用紙
/100
三 /22
二 /26
一 /52

一

問1

問2

問3

問4

問5
・

問6

問7

二

問1

問2

問3
A
B

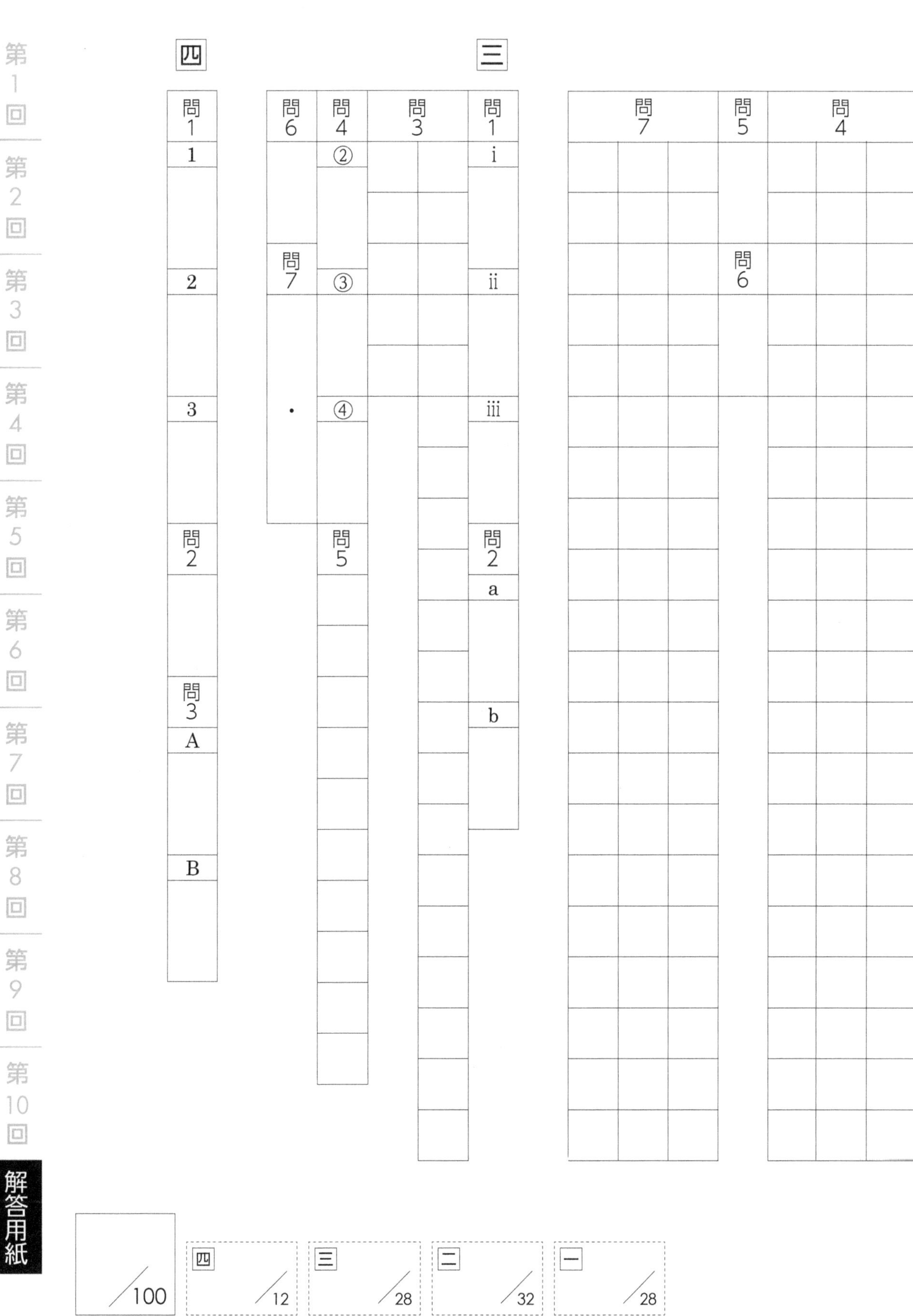

	四	三	二	一
/100	/12	/28	/32	/28

一

問1 A B C D E

問2

問3

問4

問5

問6

問7

問8

問9

第1回
第2回
第3回
第4回
第5回
第6回
第7回
第8回
第9回
第10回
解答用紙

二

問1

問2

問3

問4

問5

問6 A

B

問7 あ

い

問8 i

ii

iii

問9

問10 a

b

c

d

e

三

I 問1

問2

II 問1

四

1

2

3

4

5

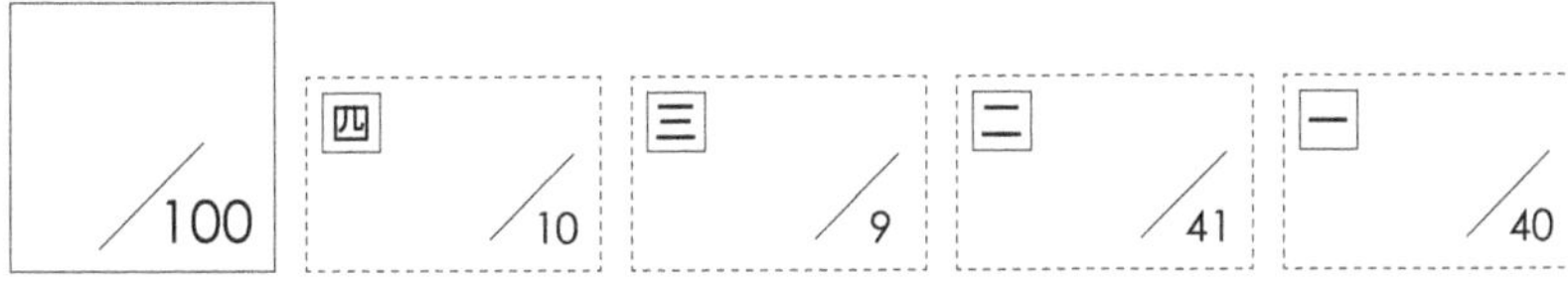

一

問1

問2

……ということ。

問3 〜 書いたから。

問4

問5

問6

問7

問8

問9 A B C D

問10

問11 1 2 3

問12

問13 1 2 3 4 5 6 7 8 9 10

二

問1

問2

問3 1 2 3 4 5 6 7 8 9 10

問4 （私） （母） （美津） （志賀子）

第1回 第2回 第3回 第4回 第5回 第6回 第7回 第8回 第9回 第10回 解答用紙

三

問1 ア イ

問2

問3

問4

問5

問6

問7

問5 X Y

問6 A E

問7

問8 a b c d

問9

問10

問11

/100

三 /13

二 /48

一 /39

70 第6回 解答用紙

一

問1 ⓐ ⓑ ⓒ ⓓ ⓔ

問2

問3

問4

問5

問6

問7

二

問1

問2

問3 （誰の） （意味）

問4

問5 不安

問6

問7 ～

問8

問9

問10 ・

問11 a b c d

三

問5	問3	問2	問1
ア			
イ	問4		
ウ			
エ			
オ			

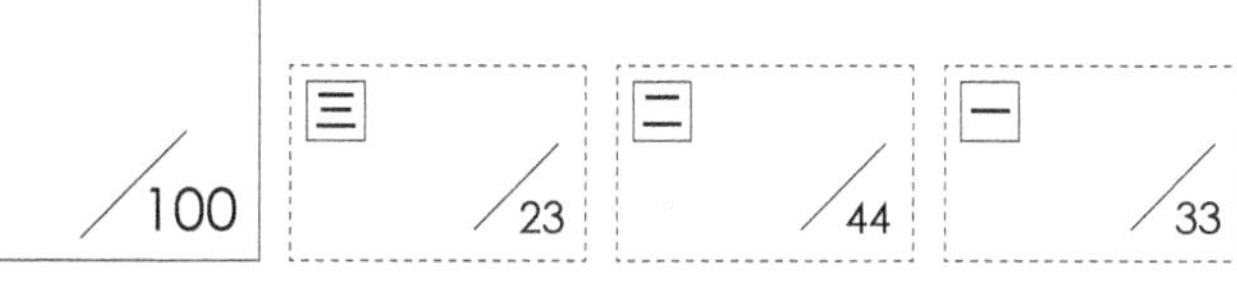

70

第7回 解答用紙

一

問1	問2	問3	問4
a			
b			
c			
d			
e			

二

問1	問5	問10
a	問6	問11
b	問7	問12
問2	問8	
問3	問9	
問4 (～)		

一	二	三	
/38	/45	/17	/100

一

問1
A
B
C
D
E

問2
a
b

問3

問4
↓
↓
↓

問5

問6

問7

問8

問9

第1回
第2回
第3回
第4回
第5回
第6回
第7回
第8回
第9回
第10回
解答用紙

二

問1	問2	問3	問4

三

問1	問4
A	
B	
C	
問2	
問3	

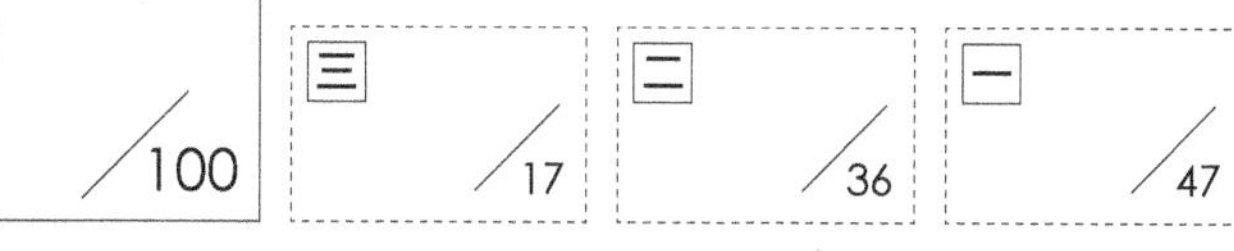

一

問1 ① ② ③
問2
問3
問4 プロフィールというものは、
問5 A B

二

問1 a b c d
問2 A B C
問3
問4 解答は下の欄に記入すること
問5
問6 F G H I J
問7

問4 解答欄

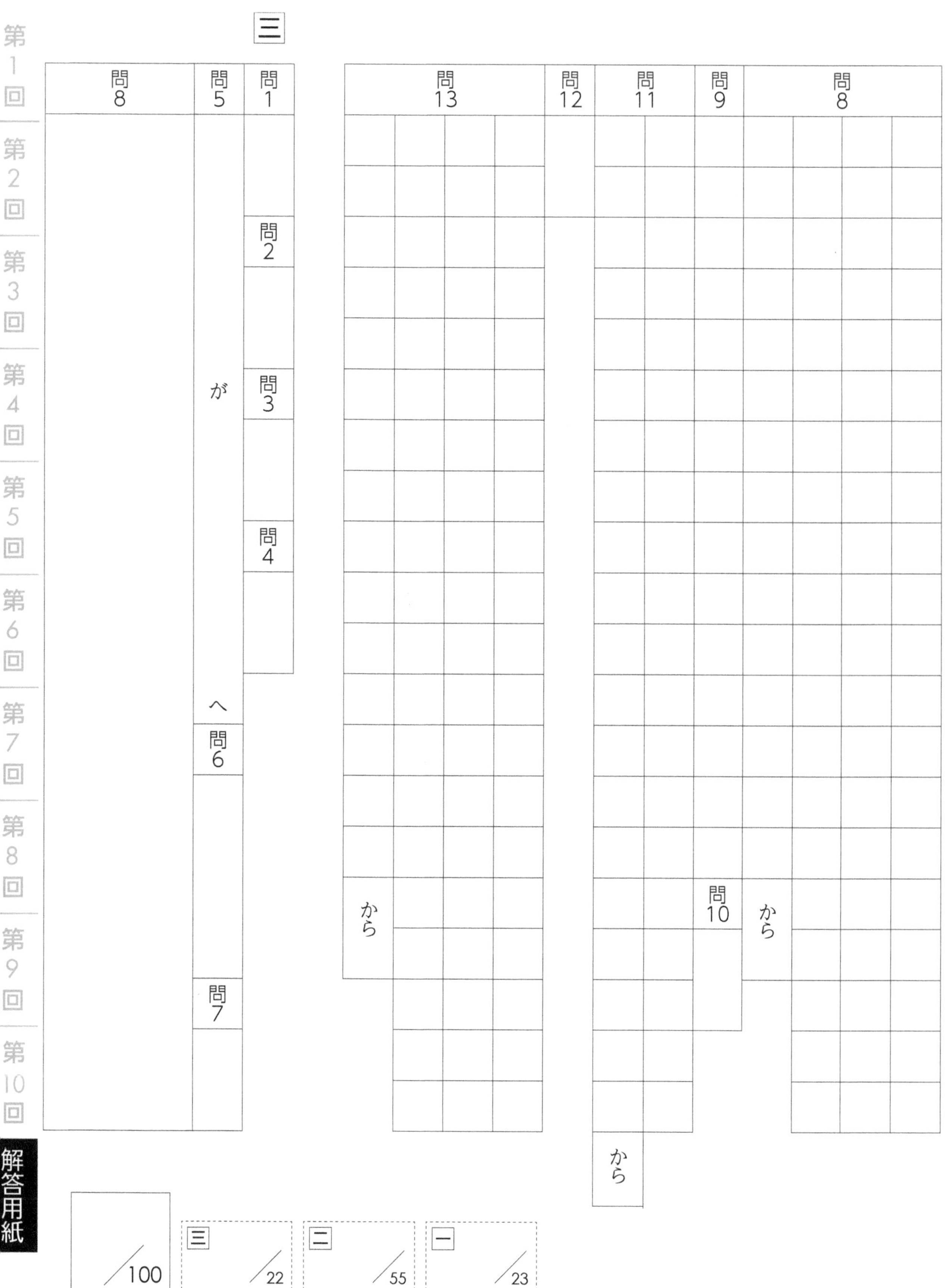
第1回
第2回
第3回
第4回
第5回
第6回
第7回
第8回
第9回
第10回
解答用紙
三
問1
問2
問3
問4
問5
が
へ
問6
問7
問8
問8
問9
問10
から
問11
から
問12
問13
から
100
三 22
二 55
一 23

一

問1	問2	問3	問4 A	問4 B	問5	問6	問7	問8 a	問8 b	問8 c
	∫									

第1回 第2回 第3回 第4回 第5回 第6回 第7回 第8回 第9回 第10回 解答用紙

二

問1	問2 (1)	問2 (2)	問3

三

問1	問2	問3	問4	問5	問6	問7

問8	問9	問10	問11

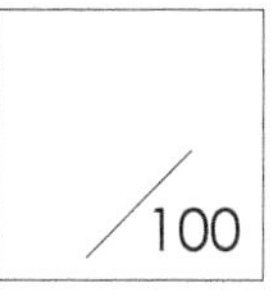

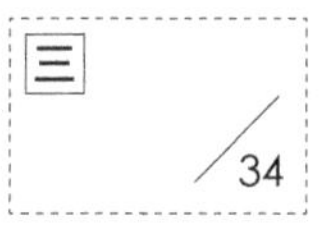

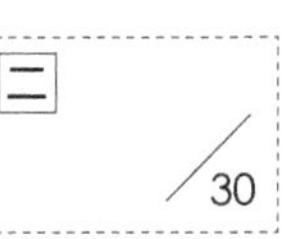

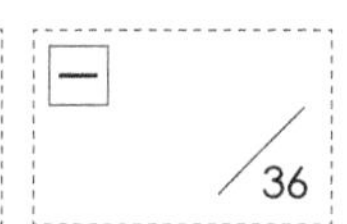

~公立高校志望の皆様に愛されるロングセラーシリーズ~

公立高校入試シリーズ

・全国の都道府県公立高校入試問題から良問を厳選
　※実力錬成編には独自問題も!
・見やすい紙面、わかりやすい解説

数学

合格のために必要な点数をゲット

目標得点別・公立入試の数学　基礎編

- 効率的に対策できる!　30・50・70点の目標得点別の章立て
- web解説には豊富な例題167問!
- 実力確認用の総まとめテストつき

定価:1,210 円(本体 1,100 円 + 税 10%)/ ISBN:978-4-8141-2558-6

応用問題の頻出パターンをつかんで80点の壁を破る!

実戦問題演習・公立入試の数学　実力錬成編

- 応用問題の頻出パターンを網羅
- 難問にはweb解説で追加解説を掲載
- 実力確認用の総まとめテストつき

定価:1,540 円(本体 1,400 円 + 税 10%)/ ISBN:978-4-8141-2560-9

英語

「なんとなく」ではなく確実に長文読解・英作文が解ける

実戦問題演習・公立入試の英語　基礎編

- 解き方がわかる!　問題内にヒント入り
- ステップアップ式で確かな実力がつく

定価:1,100 円(本体 1,000 円 + 税 10%)/ ISBN:978-4-8141-2123-6

公立難関・上位校合格のためのゆるがぬ実戦力を身につける

実戦問題演習・公立入試の英語　実力錬成編

- 総合読解・英作文問題へのアプローチ手法がつかめる
- 文法、構文、表現を一つひとつ詳しく解説

定価:1,320 円(本体 1,200 円 + 税 10%)/ ISBN:978-4-8141-2169-4

理科

短期間で弱点補強・総仕上げ

実戦問題演習・公立入試の理科

- 解き方のコツがつかめる!　豊富なヒント入り
- 基礎~思考・表現を問う問題まで重要項目を網羅

定価:1,045 円(本体 950 円 + 税 10%)
ISBN:978-4-8141-0454-3

社会

弱点補強・総合力で社会が武器になる

実戦問題演習・公立入試の社会

- 基礎から学び弱点を克服!　豊富なヒント入り
- 分野別総合・分野複合の融合など
  あらゆる問題形式を網羅
  ※時事用語集を弊社HPで無料配信

定価:1,045 円(本体 950 円 + 税 10%)
ISBN:978-4-8141-0455-0

国語

最後まで解ききれる力をつける

形式別演習・公立入試の国語

- 解き方がわかる!　問題内にヒント入り
- 基礎~標準レベルの問題で
  確かな基礎力を築く
- 実力確認用の総合テストつき

定価:1,045 円(本体 950 円 + 税 10%)
ISBN:978-4-8141-0453-6

高校入試実戦シリーズ

実力判定テスト10

全11タイトル
定価：
各1,100円（税込）

志望校の過去問を解く前に 入試本番の直前対策にも

準難関校（偏差値58～63）を目指す方

『偏差値60』

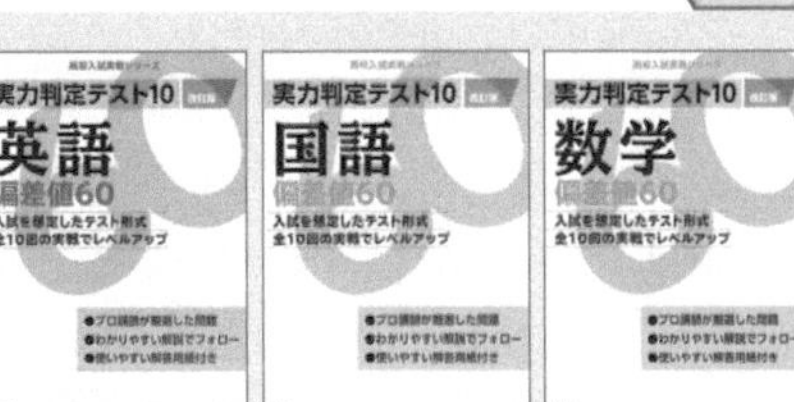

3教科
英語 / 国語 / 数学

難関校（偏差値63～68）を目指す方

『偏差値65』

5教科　英語 / 国語 / 数学 / 理科 / 社会

最難関校（偏差値68以上）を目指す方

『偏差値70』

3教科
英語 / 国語 / 数学

POINT

◇入試を想定したテスト形式（全10回）
▶プロ講師が近年の入試問題から厳選
▶回を重ねるごとに難度が上がり着実にレベルアップ

◇良問演習で実力アップ
▶入試の出題形式に慣れる
▶苦手分野をあぶり出す

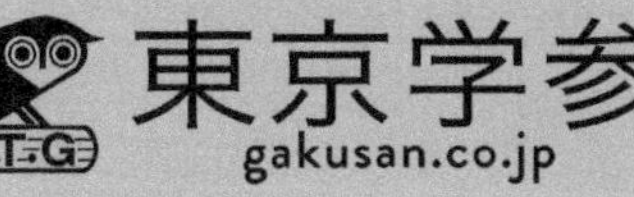

東京学参
gakusan.co.jp

全国の書店、またはECサイトでご購入ください。

書籍の詳細はこちらから

書籍の内容についてのお問い合わせは右のQRコードから ⇒ 

※書籍の内容についてのお電話でのお問い合わせ、本書の内容を超えたご質問には対応できませんのでご了承ください。

高校入試実戦シリーズ
実力判定テスト10 改訂版　国語　偏差値70

2020年5月13日　初版発行
2024年2月22日　3刷発行

発行者　佐藤　孝彦
編　集　櫻井　麻紀
発行所　東京学参株式会社
〒153-0043　東京都目黒区東山2−6−4
URL　https://www.gakusan.co.jp/

印刷所　株式会社ウイル・コーポレーション

ISBN 978-4-8141-1658-4